기획의 말들

희미한 질문들이
선명한 답으로
바뀌는 순간

기획의 말들

김도영 지음

위즈덤하우스

프롤로그

시작하는 말

사람은 자신이 애착하는 것들을 유독 잘 기억한다고 합니다.
스치듯 지나가는 사람이 신은 운동화만 보고도 어떤 브랜드의 어떤 모델인지 줄줄 읊을 수 있는 사람이 있고, 몇 초 남짓한 노래 도입부만 듣고도 가수와 제목은 물론 언제 발매된 어느 앨범의 수록곡인지 아는 사람이 있으니까요. 내가 남들보다 더 잘 기억하는 것은 무엇일까를 떠올리다 보면 내가 유난히 애정하는 것들이 우리를 향해 고개를 내밀지도 모를 일입니다.

저에게 그런 대상은 다름 아닌 '말'입니다.
그 앞을 수식하는 설명을 붙일 수 있다면 '한 걸음이라도 더 나은 쪽으로 나를 움직이도록 해준' 혹은 '나와 타인을 그리고 나와 세상을 조금 더 가까운 사이로 엮어준'이라는 표현들이 자리할 것도 같아요. 살다가 우연히 주운 말들로부터 생각지 못한 커다란 힘을 얻을 때면 솔직히 저는 세상에 이렇게 남는 장사가 어디 있을까 싶은 마음이거든요. 한 걸음만 더 가까이 다가가서, 살짝만 더 주의를 기울인 다음, 조금만 더 잘 기억해놓으면 그땐 그 누구도 가질 수 없는 나만의 에너지가 되는 게 다름 아닌 말이기 때문이죠.

제목을 보고 어떤 상상들을 해보셨을지가 궁금합니다.
말을 소중히 대한다는 것 정도는 이해하겠는데 '기획의 말들'이라는 것은 대체 뭘까? 기획이란 게 말로만 할 수 있는 것도 아니고 그렇다고 딱히 말 잘하는 방법을 알려줄 책도 아닌 것 같은데 어떤 이야기를 하려고 책 한 권의 분량을 풀어놓는 것일까 싶으신 분도 있을 겁니다.
아마 천천히 페이지를 넘겨가며 자연스레 느끼게 되실 테지만 요약해보자면 이렇습니다. 지금껏 기획 일을 해오면서 저는 늘 사람들이 무심코 내뱉은 말들이 허공에서 흔적 없이 휘발되는 것이 너무도 아깝고 안타까웠습니다. 물론 그중에는 저처럼 그 말에 마음이 동하고 잘 기억해두고 싶다고 생각한 사람이 있을 수도 있겠지만 혹여 그런 사람이 오직 저뿐이라면 나라도 그 말들을 잘 간직해두었다가 내가 하는 일에도 적용해보고 또 필요한 사람에겐 지체 없이 빌려주고도 싶다는 생각을 한 거죠.

그러니 '기획의 말들'이란 결국 기획 일을 하는 누군가가, 일에 대한 고민의 과정 속에서 발견한 소중한 말들을, 나의 생각과 경험을 곁들여, 내 삶 속에 또는 타인의 삶 속에 슬그머니 꽂아두는 작은 메시지 카드 같은 것일 수도 있겠다 싶습니다. 누군가 지금 내게 필요한 말을 나에게 꼭 맞는 언어들로 건네준다면 우리는 눈앞의 고민을 풀어갈 수 있는 또 하나의 열쇠를 얻게 되는 셈이니 말이죠.

생각해보면 많은 것이 말에서부터 출발하고 말로 완성됩니다.
지난한 회의와 수많은 아이데이션, 횟수가 기억나지 않을 만큼 수정되는 보고서와 깎고 다듬고 광을 내며 내보이는 결과물까지. 일이라면 으레 눈에 보이고 손에 잡히는 것들만 떠올리기 쉽지만 그 사이사이엔 이른바 우리를 진짜 '일할 수 있게' 해준 말들이 자리하고 있음이 분명합니다. 심지어 그 말이 우리가 일을 좀 더 잘할 수 있게 해준 말이라거나 일에 대한 관점과 신념을 보다 매끄럽고 단단하게 해준 말이라면 이 친구들 역시 어떤 형태로든 보존되고 기억되고 공유될 가치가 있겠죠.

말이 다일 수는 없지만 말에서부터 출발해 실제 모습을 갖추게 된 것들, 고민의 끝에서 한 줄기 빛을 발견하게 해준 말들, 세상 하기 싫었던 일들을 다시금 바라보게 해준 말과 모두를 하나로 뭉칠 수 있게 해준 말을 전부 합해본다면 한편으로 일이란 우리의 생각을 거쳐 표현으로 빠져나온 말과 글이 세상에 필요한 무엇인가로 탈바꿈되는 과정일 수도 있으니까요.

저 역시 이 책에 다양한 말들을 담아보았습니다.
  그중엔 다른 사람이 제게 해준 말도 있고 제가 타인을 위해 해준 말도 있죠. 하물며 꼭 제게 해준 것이 아니었음에도 마치 맞춤옷처럼 나에게 들어맞는 문장이 된 말도 있고, 제가 갖고 있던 생각을 나름껏 풀어놓았을 뿐인데 (참 감사하게도) 누군가의 삶에 작지 않은 영향을 주게 된 말도 있습니다.
  말이라는 게 주변에 늘 공기처럼 떠돌아다니는 것이라 그 가치에 주목하지 않는 경우가 많지만 갖가지 생명체의 몸에 들어갔다가 빠져나오기를 반복하고 우리가 느끼든 느끼지 않든 살아 있을 수 있는 또 살아갈 수 있는 힘을 준다는 점에서 실제로 공기와 닮은 존재라는 걸 새삼 깨닫게 되죠.
  그리고 저는 그중에서도 저에게 더없는 생명력을 불어넣어준 말들을 추리고 추려 책 한 권으로 엮어내보았습니다. 한편으로는 공기를 한 움큼 집어 봉지에 넣어 파는 현대판 봉이 김선달처럼 보일지 모르겠지만 한 가지 자신할 수 있는 것은 결코 아무 말이나 손에 집히는 대로 담지 않았고, 어떤 형태로든 내 일과 삶에 작은 도움이라도 되어준 말들만을 고르고 또 골랐으며, 그 말들이

나는 물론이고 다른 누군가가 호흡하는 데도 아낌없이 쓰일 수 있도록 저의 생각들을 밀도 있게 녹여내려 했다는 점입니다.

때문에 이 말들의 주인은 다시 한번 바뀔 수도 있습니다.
그 말을 처음 내뱉은 사람의 흔적은 지워지지 않겠지만 혹시나 이 책에 담긴 말들이 그리고 제가 전하는 이야기들이 여러분을 한 걸음이라도 더 나은 쪽으로 움직이게 해주거나 여러분이 대하는 타인과 세상을 더 쫀쫀하게 엮어주는 데 한몫한다면 그때 이 말들은 여러분의 말이 될 수도 있으니까요. 그저 누군가가 쓴 이야기를 읽는다는 마음보다는 저와 함께 대화하며 여러분 각자에게 필요한 말들을 골라볼 수 있으면 하는 마음입니다.

더불어 여러분 또한 그런 말들을 주머니 속에 잘 챙겨 다니다가 그 말이 간절한 사람을 발견했을 때 여러분의 멋진 생각과 따뜻한 마음을 보태서 건넬 수 있으면 좋겠다는 생각을 해봅니다. 그렇게 누군가의 말이 내 말이 되고 내 말이 누군가의 말이 되는 순간이야말로 우리가 일을 함에 있어 또 살아감에 있어 가장 중요한 순간 중 하나일 수 있을 테니 말이죠.

프롤로그_ 시작하는 말 5

Part 1.　　　새로운 시선을 열어준 말들

규칙은 몰라도 서사는 알죠　　　　　　　　　　14
기획하는 사람은 단어 뒤에 숨어선 안 돼　　　　26
취향이란 방향의 문제이기도 합니다　　　　　　38
그럼 이제 그 진심이 보이도록 만드세요　　　　50
새로운 제1 연상이 생겼어요　　　　　　　　　62

Part 2.　　　더 나은 방향으로 이끄는 말들

-3년, +3년이 지금의 나야　　　　　　　　　　78
취소선이 아니라 '과정선'이라고 불러야겠어　　90
머릿속에 없는 건 현실에도 없다고 생각해보세요　104
저는 사용자들의 표정이 보고 싶거든요　　　　118
다시 계단을 내려갑시다　　　　　　　　　　　132

Part 3.　　　나를 나답게 해주는 말들

감정이란 것도 빨아 써야 하더라고요　　　　　148
그러니 조리법이 다양해질 수밖에　　　　　　160
우리 서로 '프라이언트'가 되어볼까?　　　　　172
왜? '의무감'으로 하면 안 돼?　　　　　　　　184
재미로 하는 일에도 체계가 있으면 좋습니다　198

Part 4. 작은 기준을 세우는 말들

절박할수록 내 기준이 있어야 하는 거야   214
나의 인터뷰어, 나의 인터뷰이!   228
우리에겐 작은 철학이 더 많이 필요해   242
발전과 진화는 '쪼개짐'으로부터   254
프로들의 오답 노트는 조금 달라야 해요   266

Part 5. 내일을 기대하게 만드는 말들

이제 곧 후반전이 시작됩니다   282
디폴트값을 알아야 제대로 된 회고를 하지   296
잘하는 사람들 사이에서 좋은 사람들로부터 배운다   306
사라지지 않을 단어들로 나를 표현한다면   318
나도 내 직업 세계에 작은 선 하나쯤은 그을 수 있는 거지   330

에필로그_ 다시, 시작되는 말   344

Part 1. 새로운 시선을 열어준 말들

규칙은 몰라도
서사는 알죠

여행을 다녀오면 각자의 기억 상자 속에 크고 작은 조각들이 담기기 마련입니다. 사진 속에서만 존재하던 랜드마크들을 실제로 눈앞에서 마주할 때의 들뜬 기분과 마치 그곳 주민들처럼 먹고 마시며 골목 곳곳을 돌아다닐 때의 여유로움을 되새기다 보면 오직 나만의 조각들로 이어 붙인 도시 하나, 나라 하나가 만들어지기도 하죠. 하지만 그 조각들 중에는 의외로 별것 아니지만 꽤 오랫동안 우리의 기억을 붙들고 있는 녀석들도 있습니다. 분명 멋진 장소들을 찾아 하루 종일 돌아다녔고, 맛있는 음식을 앞에 두고 연신 핸드폰 카메라를 들이밀었는데 오히려 그 여행지에 대한 추억들은 우연한 에피소드에 의해 뒤덮히는 경우가 많으니까요.

저에게 그런 여행지 중 하나는 오스트리아 빈입니다. 동유럽 여행의 첫 관문이자 도시 이름만 들어도 낭만의 정취가 풍길 것 같은 그곳은 오랫동안 가보고 싶었던 여행지 목록에 오르내리던 곳이었죠. 그렇게 도착한 빈은 예상보다 훨씬 근사하고 아름다운 도시였고, 마침 크리스마스 마켓들이 속속 문을 열던 때라 이곳이 곧 천국이구나 하는 생각에 하루 열 시간씩 거리를 돌아다녀도 피곤한 줄 몰랐습니다.

그렇게 빈에 머무른 지 3일째가 되던 날, 유서 깊은 오페라 극장들이 즐비한 헬덴 광장 앞을 지나던 때였습니다. 대학생쯤으로 보이는 한 커플이 다가와서 인사를 건네더니 이윽고 오페라 티켓 홍보를 시작하더군요. 알고 보니 그들은 단순히 호객 행위를 하는 사람들이 아니라 실제로 그 오페라에 출연하는 배우들이었습니다. 독립 극단에서 활동하는 단원들인데 소규모 극장에서 펼치는 오페라 작품에 출연도 하고 직접 홍보까지 하고 있는 것이었죠. 하지만 태어나서 단 한 번도 오페라를 본 적이 없는 데다 오페라를 보기 위한 몸도(?) 마음도 준비가 안 된 저는 정중히 거절 의사를 전했습니다.

> 미안하지만 저는 오페라를 잘 모릅니다. 어떻게 봐야 하는지 뭘 입고 가야 하는지도 모르고요. 게다가 티켓을 보니 독일어로 진행되는 오페라인 것 같은데요. 저는 독일

어도 못 하니까 안타깝지만 이 공연은 저와는 인연이 아닌가 봐요. 하지만 좋은 공연이 되기를 진심으로 응원하겠습니다.

추운 날 열심히 홍보하고 있는 두 사람에게 제가 표현할 수 있는 갖은 미안함을 전달한 뒤 다시 발걸음을 옮겼습니다. 그런데 한 10미터쯤 갔을까요. 뒤에서 저를 부르는 소리와 함께 두 사람이 다시 뛰어오는 게 보였습니다. '의외로 세일즈맨 정신이 투철한 민족인가…?'라는 생각과 함께 약간의 성가심이 생기려고 할 때쯤 여자 배우는 제게 이런 말을 건넸죠.

괜찮으시다면 티켓값을 받지 않을 테니 그냥 와서 저희 공연을 보셔도 좋아요. 아마도 자리가 꽉 차지는 않을 것 같거든요. 오페라를 본 적이 없다고 하셨는데 당신이 보는 첫 오페라가 저희 작품이라면 정말 행복하고 영광스러울 것 같아요. 그리고 어떤 언어로 진행되는지 오페라를 볼 때 뭘 주의해야 하는지 이런 건 크게 중요하지 않아요. 어차피 사람들은 그 너머의 것을 볼 수 있는 힘이 있거든요. 규칙rule은 잘 몰라도 서사epic는 본능적으로 아는 게 사람이니까요.

이야기, 좋아하시나요?

이런 개인적이고도 긴 이야기로 책을 시작하는 이유가 무엇일까 궁금해하는 분도 있을 겁니다. 혹은 '그래서 오페라를 보러 갔나요, 안 보러 갔나요'가 더 궁금하신 분도 있겠죠. (결론부터 이야기하자면 저는 그 두 사람이 출연하는 오페라를 보러 갔고, 거짓말 하나 보태지 않고 아주 흥미롭게 오페라를 즐기고 나올 수 있었습니다.)

  이 에피소드가 두고두고 기억에 남는 건, 심지어 빈이라는 도시를 여행하는 과정의 아주 큰 조각 중 하나로 추억되고 있는 건 아마도 그 오페라 배우의 마지막 한마디 때문이었는지도 모르겠습니다. 지금으로부터 6년은 족히 더 된 일임에도 불구하고 저는 그때의 대사를 빌려 "규칙은 몰라도 서사는 아니까"라는 말을 자주 사용하게 되었기 때문이죠.

  저는 브랜드를 기획하는 일을 하며 살고 있습니다. 브랜드의 큰 줄기가 되는 콘셉트나 스토리, 내러티브 등을 설계하는 일부터 브랜드가 가진 속성들을 다양하고 신선한 경험으로 풀어내는 게 제가 하는 일이죠. 결코 쉽지 않은 일임이 분명하지만 개인적으로 이 일에 큰 매력을 느끼는 건 우리의 사용자나 소비자들에게 단순한 효용을 넘어 좋은 기억과 의미를 남길 수 있기 때문일 겁니다. 똑같은 대상이라도 조금 더 우리 쪽을 향해 마음이 기울 수 있도록 만드는 것, 같은 경험이라 할지라도 각자에게 더 나은 가치를 느끼도록 도와주는 것이 그 어떤 상황보다 즐겁고 기쁘니 말입니다. 그러니 비록 천직이라는 말은 입에 올릴 수 없더라도 인생에 한 번쯤 이 직업을 거쳐갈 수 있음에 '나는 참 운이 좋은 사람'이라는 생각도 갖게 되죠.

그리고 이 일을 더 잘하기 위해서 빼놓을 수 없는 역량이 하나 있으니 그게 바로 좋은 이야기를 발견하고, 좋은 이야기를 만들고, 좋은 이야기가 퍼질 수 있도록 하는 능력입니다. 브랜딩이 무엇인지에 대해 설명하는 문장들은 셀 수 없이 많지만 그래도 나름 이 일을 해오면서 느끼게 된 한 가지는 브랜딩이란 결국 우리 브랜드만의 이야기를 만들어서 그게 우리 브랜드를 쓰는 사람들 각자의 이야기가 될 수 있도록 하는 것이란 사실이거든요. 그러니 애초에 이야기에 관심이 없고, 이를 하나의 서사로 완성해내는 데 욕심이 없다면 브랜드를 기획함에 있어 꽤 불리한 출발을 하는 것인지도 모르겠단 생각입니다.

의미를 좇는 사람들

빈에서 만난 오페라 배우의 말처럼 서사를 받아들이는 능력은 인간의 오래된 본성에 가까울 겁니다. 그 옛날, 큰 짐승을 사냥해온 사람들이 저녁 식사 자리에서 모닥불을 가운데 두고 풀어놨을 무용담부터 어제 커뮤니티에서 본 흥미로운 내용들을 더 박진감 있는 이야기로 엮어내 전달하는 능력까지. 인간은 이야기를 중심으로 진화했고, 여전히 이야기를 중심으로 살아가고 있다고 보는 게 정확한 해석일 테니 말이죠.

하지만 그럼에도 불구하고 서사의 중요성을 간과하는 사례도 적지 않게 발견할 수 있습니다. 오직 게임의 규칙을 만들고 바꾸는 데만 몰두하는 사람들도 존재하는 법이거든요. 물론 어떤 대상을 이해함에 있어 그 대상의 속성이나 형태를 무시할 수 없음은 당연합니다. 이것들이 밑바탕을 탄탄하게 깔아주지 않는다면 아무리 그럴싸한 서사를 입힌다고 한들 그 본질은 빠르게 바닥을 드러낼 것이 뻔하니까요.

대신 서사를 중심으로 규칙을 만들어간다는 건 앞으로의 세상에서 더욱 중요한 행위가 될 겁니다. 이미 세상은 가치의 시대를 넘어 의미의 시대로 전환되어가고 있고, 누군가에게 의미를 파는 행위는 결국 각자가 매력적으로 받아들일 수 있는 이야기를 선물하는 것과 다르지 않기 때문이죠.

이건 우리 주변만 둘러봐도 쉽게 알 수 있는 부분입니다. 요리 경연을 주제로 하는 예능 프로그램들이 엄청나게 사랑을 받는 이유도 그 안에 담긴 레시피와 정보들을 속속들이 이해하는 과정에서 비롯되는 것은 아닐 거예요. 거기엔 요리를 만들어내는 사람들이 가진 대체할 수 없는 서사가 있기 때문이죠. 그 이야기 하나하나가 요리를 더 특별하게 만들고 셰프라는 직업을 더욱 매력적으로 빛내는 중요한 장치로 작동하는 게 분명합니다. 스포츠 규칙을 몰라도 스포츠 예능은 좋아한다는 사람, 평소 좋아하지 않는 음악 장르였는데 그 분야를 다루는 다큐멘터리를 보고 나서 찐 팬이 되었다는 사람. 이들 모두가 한순간에 마음을 돌릴 수 있었던 건 뭔가를 알아가고 이해하는 재미에 앞서 누군가의 이야기가 가슴에 와서 팍 하고 꽂혔기 때문은 아닐까요?

당장 저만 하더라도 '오페라가 그렇게 어려운 장르는 아니에요', '독일어를 모른다면 그냥 음악만이라도 들어보세요'라는 식의 설득보다 '서사를 사랑하는 마음이 있다면 규칙을 모르는 게 큰 문제가 될까요?'라며 다가온 그 한마디에 저녁 일정을 뒤바꾼 채 오페라 극장으로 향했으니 말이죠.

서사의 지평선

기회가 준비된 사람의 몫이라면 서사는 관심이 많은 사람의 몫이기도 합니다. 좋은 이야기들을 열심히 쌓아 나가보겠다는 그 마음은 결국 무엇에 혹은 누군가에게 얼마만큼의 관심을 내어줄 것인가의 문제이기도 하거든요. 그래서 저는 브랜드 같은 기획물이건 아니면 한 명의 매력적인 사람이건 간에 좋은 서사를 가진 대상은 고이지 않은 샘물처럼 늘 좋은 이야기에 기꺼이 마음을 내어주는 존재들이라고 생각합니다. 누군가의 이야기를 내 사연처럼 받아들일 줄도 알고, 때로는 듣는 사람의 입장에서 이야기를 만들고 전달할 줄도 아는 사람들이야말로 진짜 의미 있는 서사를 써 내려갈 수 있기 때문이죠.

그런 면에서 '오늘부터 당장 이야기 쓰는 연습을 해봐야겠어'라거나 '타고난 입담꾼을 무슨 수로 이긴담'이라는 생각보다는 '일단 이야기를 듣고, 쓰고, 말하고, 퍼뜨리는 그 모든 과정을 조금만 더 사랑해보자'라는 마음이 좋은 기획의 출발점은 아닐까도 싶습니다. 제품 대신 서사를 파는 시대에서, 브랜드가 아닌 스토리로 존재하는 세상에서 이보다 더 중요한 자질이 또 있을까란 생각마저 드니까요.

우주에 존재하는 블랙홀에는 '사건의 지평선'이라 불리는 구간이 있다고 합니다. 블랙홀 내부에서 작용하는 중력이 너무 강한 나머지 어느 지점에 이르러서는 모든 것이 빛의 속도로 빨려 들어가고 마는데 이로 인해 사건의 지평선 밖에서 벌어진 일들은 내부에서 일어난 일들에 전혀 영향을 줄 수 없게 된다고 하죠. 심지어 시간이나 에너지 같은 기본적인 물리 정보조차 오갈 수 없어 우리가 생각하는 일반적인 우주 법칙들이 성립하지 않을 거란 예측이 지배적입니다.

저는 훌륭한 서사란 사건의 지평선과 다르지 않다는 생각을 해봅니다. 우리가 누군가에게 마음을 빼앗길 때 그 사람의 모든 정보나 조건을 따지는 게 아닌 것처럼 좋은 이야기 또한 이를 둘러싼 규칙들을 무력화시켜서 단번에 우리의 마음을 사로잡는다고 보거든요. 그러니 가끔씩 '그게 왜 좋아?', '이걸 왜 샀어?'라는 물음에 뭔가 객관적인 증거들로 설명할 수 없는 가슴 벅찬 이야기가 먼저 떠오르는 것도 일견 이해가 가는 부분입니다.

하나의 여행, 각자의 추억

책을 쓰기로 마음먹은 순간부터 저는 이 이야기로 첫 문을 열어야겠다는 생각을 했습니다. 하지만 그건 제가 꼭 브랜딩이나 기획처럼 서사가 필요한 일을 하고 있기 때문만은 아니었어요. 어쩌면 오히려 그 반대에 더 가까웠는지도 모릅니다. 그동안 나름의 경험과 역량으로 겨우겨우 갈고닦은 이야기를 늘어놓는 것보단 제가 가장 중요하게 생각하는 것이 무엇인지 정도는 소개하고 시작하는 게 좋겠다 싶었거든요. 그리고 일단 저부터가 기획의 정공법 같은 걸 통해 지금껏 일해온 게 아닌 만큼 그동안 저에게 큰 영향을 준 이야기들을 차근차근 풀어보는 게 훨씬 의미 있겠다는 생각에 이른 거죠. 다시 말해 앞으로 등장할 나름의 서사들을 위한 또 하나의 서사가 필요했던 건지도 모르겠습니다.

때문에 저는 이어질 스물네 개의 이야기들 중 무엇이 여러분들에게 가장 와닿는 이야기일지 또 어떤 부분이 제일 필요한 내용일지 섣불리 가늠해보지 않으려 합니다. 우리가 여행지의 기억들을 간직할 때도 각자에게 가장 좋았고 의미 있었던 조각들을 잇고 붙여 하나의 도시를 만드는 것처럼 저의 이야기들도 여러분에게 그렇게 쓰이기를 바라고 있거든요.

대신 어떤 이야기가 되었든 간에 그게 나름의 서사를 가지고 전달되길 바라며 여러분 각자의 서사를 써 내려가는 데도 도움이 되었으면 하는 바람입니다. 그리고 만에 하나 '나는 기획자가 아닌데 이 책의 내용들에 공감할 수 있을까?'란 생각을 하셨다면 이 역시도 괜찮습니다. 기획에 관련된 세세한 정보들은 잘 몰라도 그 속에 담긴 생각과 이야기들은 본능적으로 이해하실 수 있을 테니까요. 태어나 한 번도 오페라를 본 적 없어도 당당히 극장으로 발걸음을 돌렸던 저처럼 기꺼이 이 이야기에 동참해주셨으면 좋겠습니다.

+ 더하는 말

여행을 다녀오면 저는 제가 들렸던 도시마다 관련된 기억을
더듬어 글을 한 편씩 써봅니다. 멋진 사진도 좋지만 그때 느낀
감정들을 글로 묶어두는 것 역시 그 도시를 기억하는 좋은
수단이 되더라고요. 덕분에 이제는 여행을 하는 순간에도
'이건 나중에 글 쓸 때 꼭 녹여내봐야지'라고 생각되는
지점들을 더 많이 만날 수 있게 되었죠.
그런 의미에서 보자면 제 여행엔 사진을 담는 렌즈 외에
이야기를 담는 렌즈가 하나 더 동행하는 것인지도 모르겠어요.
원하는 피사체에 원하는 초점이 딱 맞는 그 순간의
짜릿함처럼, 원하는 대상에 원하는 이야기가 딱 맞는
그 순간의 풍요로움도 있는 법이니까요.

기획하는 사람은
단어 뒤에
숨어선 안 돼

바야흐로 제가 주니어였던 시절, 머리를 망치로 크게 한 대 얻어맞은 것 같은 경험을 한 적이 있습니다. 일이란 건 여전히 어렵고 힘들었지만 그래도 나름대로 업무에 재미를 붙이고 제가 만들어가는 기획물들에 좋은 평가가 쌓여가고 있다고 생각될 무렵이었죠.

하지만 그때 제겐 한 가지 고민이 있었습니다. 제가 보고를 할 때마다 상위 조직장을 맡고 계신 센터장님께서 거침없이 태클(?)을 거는 지점이 있었거든요. 보고를 받는 사람이라면 저마다 중요하게 생각하는 부분이 하나씩은 있지 않나 싶으시겠지만 여러분이 생각하시는 것들과는 조금 포인트가 다를 수도 있을 겁니다. 그건 보고의 내용이나 방향도 아니고 근거 자료나 아이디어에 관한 것도 아니었거든요. 그분이 지적한 것은 다름 아닌 단어였기 때문입니다.

> 조금 전 보여주신 장표에서요, 사용자들에게 더 나은 가치를 줄 수 있다고 하셨는데 도영 님이 생각하시는 그 '가치'가 뭐죠?
>
> 방금 설명하신 내용 중 시장의 공감을 이끌어낸다고 한 부분 말인데요, 그럼 도영 님께서 정의한 '공감'이란 정확히 무엇이라고 봐야 할까요?

와, 정말 노이로제라는 게 이렇게 오는 거구나 싶더라고요. 전반적인 보고 내용에는 칭찬을 아끼지 않으시는 분이 유독 회의가 끝날 무렵 제가 사용한 단어 하나씩을 딱 집어 '무슨 뜻으로 그 단어를 사용한 거냐?'라고 물을 때면 자동으로 식은땀이 흘러내렸으니까요. 그렇게 매번 회의에 들어가기 전 오늘은 또 뭔가 지적당할 단어가 없는지 살피기를 반복할 때쯤 센터장님이 저를 불러 이런 말씀을 해주셨습니다.

> 제가 매번 단어 가지고 지적하니까 짜증 나죠? (네!라고 대답하고 싶은 거 꾹 참느라 힘들었습니다….) 그런데 그거 아세요? ==저희처럼 기획하는 사람들은 절대 단어 뒤에 숨어서는 안 돼요.== 그냥 무심코 느낌 가는 대로 쓰는 단어

들, 멋있어 보이려고 의미 없이 추가하는 단어 하나 때문에 우리 뒤에 있는 디자이너, 개발자는 물론 세일즈를 담당하거나 사용자 접점에서 커뮤니케이션해야 하는 분들은 큰 혼동을 겪을 수도 있거든요. 그러니 기획자는 자기가 쓰는 단어에 책임을 져야 해요."

그제야 그동안 쌓였던 오해가 조금씩 풀리기 시작하더군요. 그토록 단어 하나까지 집요하게 파고들어 어떤 의도로 왜 사용했는지를 따져 묻던 센터장님의 진심을 온전히 이해할 수 있었으니까요. 한편으로 그건 지적이라기보다는 배려에 가까운 행동이기도 했습니다. 아무 생각 없이 사용한 단어 하나가 불러올 거대한 나비효과를 미리 방지할 수 있게 해준 것이기도 하거든요. 그런 사연을 친절하게 설명해주시니 이유 모를 압박감과 긴장감 또한 자연스레 제 마음속에서 털어낼 수 있었죠.

그리고 그날부로 저에겐 작은 목표가 하나 생겼습니다. 더불어 이 목표는 지금껏 저를 기획하는 사람으로 살게 해준 아주 중요한 전환점이 되었고, 나아가 삶의 구석구석에서 새로운 의미들을 찾도록 하는 고마운 나침반이 되어주었죠. 그 목표란 다름 아닌 '나는 매일매일 키워드 장악력을 키워 나가는 사람이 되어야겠구나'라는 것이었습니다.

두 손에 들려진 것들

제가 생각하는 키워드 장악력이란 특정한 단어를 내 관점에서 바라보고 재해석할 수 있는 능력입니다. 즉 남들이 말하는 일반적인 뜻 위에 내 나름대로 해석한 설명들을 보태어 새로운 키워드로 기억하는 작업이라고도 할 수 있겠네요. 이렇게 단어를 점차 내 것으로 만들어갈 줄 아는 역량은 기획을 하는 데 있어서도 아주 중요한 역할을 합니다. 남들과 똑같이 보는 것들 속에서도 뭔가 다른 것 하나쯤은 발견할 줄 알아야 하고, 아무것도 없는 백지상태라 하더라도 과감히 펜을 들어 시작할 수 있어야 하는 우리에겐 개념을 잘 정리하고 확립하는 게 필수적이기 때문이죠.

하지만 그렇다고 매번 사전을 끼고서 단어의 뜻만 좇으며 살 수는 없는 노릇입니다. 무엇보다 단어의 사전적 정의를 공부하는 것만이 키워드 장악력을 높이는 방법은 아니기 때문에 어떤 형태로든 나만의 훈련이 필요한 것은 분명한 사실이죠.

이 역시 어디까지나 저만의 방식이긴 하지만 그래도 제겐 키워드를 장악하는 데 사용하는 몇 가지 도구들이 있습니다. 그동안 손에 맞는 연장을 찾느라 나름의 고생도 해보고 몸에 익힌 다음 다시 털어내기를 반복하기도 했으니 아주 쓸모없는 방법은 아니라는 생각인데요, 혹시 여러분에게도 도움이 될지 모르니 지금부터는 이 도구들을 한번 소개해보고자 합니다.

촉과 갈고리

'키워드를 장악하는 데 있어 무엇이 가장 중요한가요?'라고 묻는다면 저는 다름 아닌 키워드를 선정하는 것이라고 말씀드리고 싶습니다. 당연한 얘기지만 내 손에 뭔가를 쥐기 위해서는 그 대상을 향해 손을 뻗는 행위가 우선되어야 하기 때문이죠. 길 가다가도 발에 채는 게 단어들인데 키워드 하나 고르는 게 뭐 그리 어려울까 싶을 수도 있겠지만 의외로 이 과정은 녹록지 않습니다. 그 키워드를 왜 들여다봐야 하고 왜 장악해야 하는지에 대해 답하려면 일단 그 단어가 내 마음을 흔들어놓은 이유부터 찾아야 하니까요.

뭐 그렇다고 해서 아주 비장하게 생각할 건 또 없습니다. 저는 지극히 평범한 일상으로부터 키워드를 골라보고 있거든요. 드라마 속 대사에서 들려오는 한 줄 문장일 수도 있고, 책을 읽다 눈에 띈 독특한 단어일 수도 있고, 새로 배송받은 물건을 열어보다 발견한 상품 소개서 속 남다른 표현일 수도 있는 거죠.

하지만 중요한 건 어떤 단어를 고르느냐가 아니라 어떻게 고를 것인가입니다. 그리고 이때 필요한 것이 다름 아닌 '촉'과 '갈고리'죠. 흔히 이 두 가지 모두 낚시에 사용되는 장치쯤으로 뭉뚱그려 이해하고 있을 가능성이 크지만 사실 그 용도는 확연히 다릅니다.

촉은 끝이 날카롭게 다듬어져 있어 무엇인가를 뚫고 들어가는 데 적합한 반면 갈고리는 주둥이 부분이 걸쇠 형태로 둥글게 휘어진 덕분에 한 번 잡은 대상을 놓치지 않고 끌어당기는 역할을 하기 때문이죠.

키워드를 선정함에 있어서도 이 촉과 갈고리는 각자의 상황에 모두 필요한 존재들입니다. 주변에 널려 있는 단어들을 쿡쿡 찌르고 다닌다고 해도 그중 뭐라도 하나 낚아채서 내 가까이로 가져와야 의미가 생기기 시작하거든요. 그러니 감각의 끝을 조금 더 뾰족이 세운 채로 단어들을 살펴보다가 왠지 모르게 내 나름의 설명을 덧붙여보고 싶다는 생각이 들 때면 갈고리를 이용해 힘껏 당겨봐야 합니다. 그래야 내 두 손안에 뭔가를 담을 수 있는 거니까요.

N극과 S극

특정한 단어 하나를 골랐다면 이제 이 키워드를 중심으로 우리의 생각을 한없이 확장시켜봐야 할 차례입니다. 뚫어져라 키워드를 쳐다보고 있다고 해서 전에 없던 새로운 해석 하나가 툭 하고 튀어 오를 리 없으니 말이죠.

이럴 때 제가 자주 쓰는 방식은 바로 '페어링'입니다. 쉽게 말해 내가 고른 키워드에 대해 다양한 시각을 던져줄 수 있는 갖가지 콘텐츠를 매칭해보는 것이죠. 예를 들어 여러분이 '창작'이라는 키워드를 골랐다면 그게 책이든 영화든 음악이든 인물이든 아니면 특정한 장소든 간에 나에게 창작에 관한 이야기를 전해줄 수 있는 대상들로 작은 그룹을 만들어보는 거예요. 그리고 이를 마음껏 경험하고 즐기면서 창작에 대한 오감을 활짝 열어보는 거죠.

하지만 여기서 잊지 말아야 할 중요한 포인트 중 하나는 이 경험이 되도록 여러 관점을 포용하고 있어야 한다는 겁니다. 즉 창작에 대한 좋은 쪽의 해석과 그렇지 않은 쪽의 해석을 모두 청취할 수 있어야 하고, 기존에 내가 가지고 있던 생각과 비슷한 결의 콘텐츠, 반대되는 결의 콘텐츠를 자유롭게 오갈 수 있어야 하는 거죠. 그래야 선입견으로 뭉쳐 있던 생각의 근육들을 느슨하게 풀 수 있고 더불어 그동안 한 번도 써보지 않았던 새로운 감각들을 자극할 수 있습니다. 키워드 하나를 자석이라고 생각했을 때 N극과 S극에 해당하는 모든 요소들을 다양하게 활용해보는 게 무엇보다 중요한 셈이죠.

하나뿐인 사전

이렇게 단어 하나를 가운데 두고 여러 가지 경험을 거치다 보면 내 생각과 감정들이 도드라지게 반응하는 지점에 도착하게 됩니다. 그럼 그 표현들이 속절없이 날아가기 전에 어떻게든 붙잡아 정리해두는 과정이 필요하죠. 제 경우엔 즐겨 쓰는 메모 앱에 키워드별로 페이지를 만든 후 새로운 생각이나 관점이 추가될 때마다 조금씩 메모해두는 방법을 쓰고 있는데요. 별것 아닌 거 같아도 이 기록이 하나둘씩 쌓이다 보면 어느 순간엔 나만의 작은 사전과도 같은 형태로 바뀌기 시작합니다. 누군가의 생각을 빌려보기도 하고 내 시각에서 떠올려보기도 한 것들이 조합되어 기존의 키워드들에 새로운 숨결을 불어넣어주는 거죠.

그러곤 그 경험들을 아울러 보다 명확하게 정리할 수 있는 한 줄 문장을 써보려고도 합니다. 센터장님이 제게 물으신 것처럼 '도영 님이 생각하시는 OO이란 무엇인가요?'에 해당하는 나름의 답변을 추가해보는 거라고도 할 수 있죠. 설명만 들으면 꽤나 피곤한 방법처럼 여겨질지 몰라도 실제로 해보면 오히려 흥미진진한 취미가 된다는 걸 금방 느끼게 되실 거예요. 무엇보다 저는 '아, 나는 그동안 다른 사람들의 생각과 표현만을 빌려서 세상을 살고 있었구나' 하는 반성을 하게 되더라고요. 그게 꼭 잘못된 것이라기보다는 여태 내가 직접 경험하고, 판단하고, 확신하고, 표현하는 과정을 거쳐 사용한 단어가 아주 극소수라는 사실이 안타깝게 느껴졌다는 게 정확한 표현일 겁니다. 그러니 세상에 존재하는 다양한 것들의 도움을 얻어 나만의 사전 한 권을 써 내려가보는 것은 인생을 훨씬 여유롭게, 다채롭게 사는 방법일 수도 있는 거죠.

살아남자, 나의 힘으로

요즘 제가 열심히 손을 쥐었다 폈다 하며 장악해보고 있는 키워드 중 하나는 바로 '생존'입니다. 과거 한 차례 정리를 마친 키워드이긴 한데 끝없이 그 존재감을 펼쳐 나가는 AI와 하루에도 몇 번이고 뒤바뀌는 것 같은 수많은 트렌드들 사이에서 과연 살아남는다는 것은 무엇인가를 다시금 살펴볼 필요가 있겠더라고요. (이처럼 한 번 내 사전에 올랐던 키워드라도 반복해서 점검하고 업데이트하는 과정은 선택이라기보다는 필수에 가깝습니다.)

그러다 깨닫게 된 한 가지는 아무리 천지가 개벽하고 AI와 로봇이 우리 일상의 대부분에 관여한다고 해도 내 관점과 표현을 거쳐가본 것과 그렇지 않은 것 사이에는 분명한 차이점이 있다는 사실이었습니다. 그리고 이왕이면 그 과정이 다른 사람의 능력이나 특정한 기술의 도움을 받기 전에 내 손에서 가장 먼저 다뤄지는 게 훨씬 값지다는 생각에도 이르렀죠.

이는 자연의 섭리와도 다르지 않습니다. 식물이나 열매, 고기나 생선 등으로부터 또 다른 형태의 원료를 얻어내는 것을 이른바 추출이라고 하는데, 종류를 막론하고 가장 고품질 원료를 추출하는 주요한 원칙은 바로 '처음 얻는 것'이라고 하거든요. 올리브에서 처음 짜낸 진한 풍미의 오일에 '엑스트라 버진extra virgin'이라

는 등급을 주는 이유도, 다른 첨가물을 넣지 않고 오직 다시마와 가쓰오부시만을 이용해 우려낸 첫 번째 육수를 '이치방다시一番だし'라고 부르는 것도 어쩌면 같은 맥락일지 모릅니다. 어떤 방식이 되었든 나의 생각과 관점을 담아낼 수 있어야 한다는 점과 이왕이면 그것이 다른 누군가의 손을 타기 전 스스로의 힘으로 추출해낸 것일 때 더 큰 가치를 지닌다는 점이 마치 한 배에서 난 것처럼 꼭 닮아 있으니 말입니다.

한편으로는 이 모든 과정의 다른 표현이 생존일 수 있겠단 생각도 들었죠. 수많은 옵션과 선택지가 널려 있지만 그럼에도 불구하고 다른 누군가가 아닌 내가 했을 때 더 빛이 날 수 있는 일이라면, 적어도 AI보다 더 매력 있고 가치 있는 결과물을 만들어낼 수 있다면 그것이야말로 생존의 필수 조건이 아닐까 싶더라고요. 그러니 내 두 손으로 움켜쥔 키워드를 온 힘으로 짜내보는 이 행위를 더더욱 게을리할 수 없는 거죠.

덕분에 지금은 꽤 어려운 과제나 고난도 작업물이 눈앞에 펼쳐져도 작게나마 기대고 의지할 수 있는 친구들이 생겼습니다. 지나치기 쉬운 것들마저도 내 옆에 붙들어놓을 수 있게 해주는 촉과 갈고리, 이제껏 해본 적 없는 생각과 감정으로 나를 이동시켜주는 N극과 S극의 자석, 누군가에게 빌려 쓰는 대신 온전한 내 힘으로 완성해가고 있는 나만의 작은 사전. 이 도구들이 있는 한 마냥 외롭지도 한없이 두렵지도 않은 게 사실이니까요. 단어 뒤에 숨어 기획 비스름한 향만 풍길 게 아니라 두 손 한가득 녀석들을 들고 서 당당히 제 키워드들을 추출해봐야겠다는 생각이 한결 단단해 지고 있습니다.

———————————————————————————— + 더하는 말

참고로 그 센터장님은 제게 이런 말도 해주셨습니다.

"우리처럼 뭔가를 만들어내야 하는 사람들은 공전과 자전을 함께 느끼며 살아야 돼요. 세상의 흐름을 따라가면서도 또 내 힘으로 보여줘야 하는 것들이 있으니까요."

생각해보면 진짜 그렇습니다. 오직 거대한 트렌드가 나를 향해 비출 때만 움직이려는 사람들이 있고, 반대로 지금이 낮인지 밤인지도 구분하지 못한 채 자기 별의 온도만을 유지하고 사는 사람들도 있거든요. 그러니 나는 무엇의 주위를 공전하며 어떤 의미의 자전을 하는 걸까라는 생각으로 스스로를 돌아보는 것이 이 세계의 법칙을 조금이나마 이해해가는 방식일 수도 있겠다 싶습니다.

취향이란
방향의 문제이기도
합니다

세계적으로도 그 명성이 자자하고 특히 우리나라에서 크게 사랑받는 팝아트 예술가인 데이비드 호크니가 한 말입니다.

영감과 역량은 내 것이 아니다. 그것은 신이 주신 것일 뿐 내 의지로 얻을 수도, 붙잡을 수도 없다. 대신 취향은 온전한 내 것이다. 무엇을 얼마나 좋아하는지 전혀 문제 되지 않고 이를 남들과 비교할 필요조차 없다. 취향이 있는 삶이 진짜다. 취향이야말로 내가 어떤 존재인지를 간접적으로 증명해준다.

사실 저는 취향이 뚜렷해도 좋고 그렇지 않아도 괜찮다고 생각하는 편입니다. 투명한 물에 쨍한 잉크를 똑 하고 떨어뜨린 것처럼 그 존재 자체로 선명한 사람이 있는가 하면 바람결에 묻어오는 은은한 잔향처럼 자신의 취향을 크게 드러내지 않는 사람도 있으니까요. 비록 본인의 취향을 아주 자극적으로 내세운다 해도 대중의 주목을 쉽게 받을 수 없는 시대이지만 굳이 타인의 관심을 구할 목적이 아니라면 취향의 감도나 크기, 종류나 깊이는 딱히 중요하지 않은 것 같습니다. 호크니 옹의 말처럼 취향이란 온전히 나를 위한 것인 만큼 내가 만족하면 그만인 것이니까요.

대신 취향이 있고 없고의 차이는 조금 다른 얘기로 접어듭니다. 결론부터 얘기하자면 저는 취향이 뚜렷하지는 않더라도 최소한의 자기 취향은 가지고 있는 게 유리하다는 입장인데요, 여기서 '유리하다'는 표현을 쓴 이유는 그게 우리 삶을 더 흥미롭게 하는 데도 긍정적인 영향을 미치지만 어떤 일을 함에 있어서도 취향을 갖고 임하는 것과 그렇지 않은 것의 차이는 의외의 결과로 이어지는 경우가 많기 때문입니다.

내 마음이 바라보는 곳

크리에이티브한 일을 하는 사람들 중에는 취향이 뚜렷한 사람이 정말 많습니다. 그중에는 이른바 '개취'라고 불리는 자신의 기호

이자 성향을 널리 알리고 전파하려는 사람들도 적지 않죠. 그런데 그들이 모두 자신의 취향을 역량의 땔감으로 쓰고 있느냐 하면 살짝 고개가 갸웃거려지는 게 사실입니다. 오히려 취향은 취향이고 역량은 역량일 뿐 이 둘 사이는 늘 끊어진 채 서로에게 특정한 시그널을 보내지 못하는 모습이 심심찮게 발견되니 말이죠.

하지만 취향이 다소 밋밋해 보여도, 딱히 자기 취향을 잘 드러내지 않더라도 취향과 역량 사이의 관계를 마치 날실과 씨실처럼 잘 엮어내는 사람도 있습니다. 취향대로 일을 고르는 것도 아니고 그렇다고 일을 하면서 취향만 앞세우는 것도 아닌데 훌륭한 결과물의 비결을 물어볼 때마다 평소 관심을 갖고 눈여겨보던 것들이 도움이 되었다는 답을 내놓는 분들이 있거든요. 그럼 그 담백한 시선으로부터 어떻게 이런 선명한 색깔을 내보일 수 있는지가 더욱 궁금해지죠.

이런 부류의 사람들을 하나의 공통점으로 묶을 수는 없겠지만 만약 제게 그 이유를 찾아보라고 한다면 저는 취향의 본질을 정확히 이해하고 있다는 데서 첫 단서를 발견할 수 있을 것 같아요. 앞서 언급한 키워드 장악력과 같이 우리가 그저 선호의 수준으로만 알고 있던 취향이라는 의미와 그 단어 아래에 숨은 진짜 속뜻의 차이를 자기 나름대로 잘 구분하고 또 해석하고 있지 않을까 하는 생각이 든 거죠.

대부분의 사람들은 취향이라는 말이 냄새나 향기처럼 자신이 좋아하는 향 혹은 분위기를 뜻하는 단어일 거라고 예상합니다. 하지만 취향의 한자어를 살펴보면 '뜻 취趣' 자에 '향할 향向' 자를 쓴다는 걸 알 수 있죠. 말 그대로 내 뜻이 어느 방향을 가리키고 있느냐, 하고자 하는 그 마음이 어느 곳을 바라보고 있느냐의 문제라는 얘깁니다. 그러니 취향이라는 건 단순한 선호도의 수준을 넘어 내 의지 혹은 가치관과 결부된 것임이 분명하고, 이 사실을 깨닫고 나면 취향을 대하는 태도 역시 조금은 달라질 수밖에 없죠. 흡사 아무 생각 없이 즐겨 먹던 평범한 음식이 실제로는 우리에게 없어서는 안 될 필수 영양소를 가득 담고 있단 걸 알게 될 때의 느낌과도 비슷합니다.

취향의 주파수

그럼 과연 이 취향이라는 게 왜 우리가 하는 일에까지 영향을 미치게 되는 걸까요? 그저 한자어를 파헤쳐보니 그동안 우리가 몰랐던 근사한 이유가 담겨 있어 그런 걸까요? 사실 그보다는 취향의 의미를 제대로 이해하는 사람의 경우 나의 기준점이 어디에 더 치우쳐 있는지를 스스로 깨달을 가능성이 높기 때문일 겁니다.

만약 그저 '호'와 '불호'만을 가지고 취향의 잣대를 들이미는 사람이라면 그들 앞에 무엇인가가 주어졌을 때 보이는 반응은 크게 두 가지일 거예요. 마음에 든다 혹은 마음에 들지 않는다. 물론 자신이 무엇을 좋아하고 싫어하는지를 아는 것도 마냥 쉬운 일은 아닙니다. 그러나 이렇게 개인 취향을 호불호를 판단하는 데만 사용하면 늘 수동적인 상황에 놓일 수밖에 없죠. 누가 뭔가를 보여줘야만 좋다, 싫다를 판가름할 수 있을 테니까요.

하지만 기획이란 다른 사람을 매력적으로 끌어당길 수 있는 수많은 요소들을 설계해 나가야 하는 역할임을 되새겨봤을 때 이 수준으로만 취향을 활용한다는 건 꽤 안타까운 일일 수 있습니다. 설혹 아주 뛰어난 안목을 가진 사람이라고 해도 내가 좋다는 걸 언제까지 대중이 함께 좋아해줄지 쉽게 예단하기 어렵고, 더군다나 모든 일을 내 취향에 기반해서 진행하는 것 역시 애초에 불가능에 가까우니 말이죠.

반면 현재 내가 무엇에 더 많은 관심을 기울이고 있고 내가 중요하다고 생각하는 것이 어디에 방점을 찍고 있는지를 아는 사람은 나의 기준과 그 대상과의 차이를 비교적 정확히 파악할 수 있습니다. 호불호를 판단함에 있어 일종의 메타인지를 발휘하게 되는 셈이죠.

자기 취향만 앞세우는 사람이 좋다, 싫다라는 이진법의 기준을 가진 사람이라면 취향의 참뜻을 아는 사람은 내 눈앞에 놓인 것과 내가 추구하는 것 사이의 주파수를 아주 세밀하게 조정할 줄 아는 사람에 해당합니다. 그러니 취향에 관한 정교한 세팅값을 갖는 게 가능하죠. 더불어 '원래 저는 A라는 것을 중요하게 생각하는 사람이지만 이렇게 바라보니 B라는 것도 꽤 흥미롭게 느껴지는 것 같네요. 그런 의미에서 B는 저와 같은 취향을 가진 사람들에게도 충분히 매력 있게 다가갈 수 있지 않을까 싶어요'와 같은 폭넓은 시야를 확보할 수 있습니다. 그만큼 자기 취향도, 타인의 취향도 모두 존중할 수 있는 취향의 자존감을 갖게 되는 거죠.

외줄타기의 비밀

1970년대 세계의 수많은 고층 빌딩 사이를 오직 외줄타기로만 건너 화제가 된 사람이 있었습니다. 그의 이름은 필리프 프티로 훗날 〈하늘을 걷는 남자〉라는 영화의 실제 모델이 되기도 했죠. 프티는 별다른 안전 장비 없이 평행봉이라 불리는 장대 하나만을 들고 유유히 외줄을 걸어 나갔는데 사실 이런 곡예는 빌딩 사이로 부는 엄청난 강풍은 물론이고 지상과의 기압 차이 문제도 있어 웬만한 곡예사들은 엄두도 못 내는 일이었다고 알려집니다. 그런 그에게 많은 제자들이 비법을 배우고자 찾아와 문을 두드렸지만 그는 특별하게 알려줄 것이 없다며 늘 사람들을 돌려세웠다고 하는데요.

그럼에도 불구하고 프티가 딱 하나 조언을 해준 것이 있었으니 그게 바로 균형에 관한 것이었다고 합니다.

> 균형이라는 환상을 깨고 나면 두려움이 사라집니다. 휘청이지 않으려고 집중할수록 몸은 더욱 균형을 잃게 되거든요. 때문에 평행봉이 왼쪽으로 기운다 싶으면 오히려 과감하게 더 왼쪽으로 치우쳐본 다음 다시 오른쪽에 반동을 줘서 돌아와야 해요. 정확히 가운데 머물겠다는 그 목표부터 던져버리는 거죠. 그게 균형을 유지하는 비법이라면 비법입니다.

처음 이 말을 들었을 때 그저 신박한 접근법이라고만 생각했는데 가끔씩 이 장면이 실제로 머릿속에 그려지는 순간들이 있더군요. 일을 하다 보면 간혹 스스로도 규정할 수 없는 이상적인 무게중심을 설정해놓고서 그게 균형이라고 우기는 상황이 발생하거든요. 실제 목표는 앞으로 나아가 원하는 결과물을 얻는 것인데 어느 한쪽으로도 치우치지 않겠다며 제자리에서 부르르 몸을 떨고 있는 모습은 우리가 알던 균형과는 거리가 먼 게 사실이니까요.

그리고 저는 취향에 관해서도 이 외줄타기의 비밀이 꽤 좋은 단초를 던져준다고 생각합니다. 겉으로는 멋진 취향을 갖춘 사람처럼 보여도 편협한 자기 영역에 갇혀 호불호를 판단하는 경우라면 그건 무거운 평행봉을 든 채 옴짝달싹 못 하는 모습과도 다를 바 없거든요. 대신 나와 취향이 다르더라도 그 사람의 기준까지 한번 쓱 하고 들어가봤다가 다시 내가 좋아하는 상태값으로 돌아올 줄 아는 사람은 취향에 대한 폭도 깊이도 쉽게 확장할 수 있을 겁니다. 타인과 나 사이의 취향의 주파수를 맞추는 데도 더 섬세한 조건을 갖추게 될 테고요.

'얼마나' 대신 '어디로'

우리가 하루에도 몇 번씩, 무심코 던지게 되는 말 중 하나가 "완전 내 취향이야", "진짜 내 취향 아니야"라는 말일 겁니다. 내가 좋아하는 것을 볼 때면 단어로 형언할 수 없는 기쁨과 반가움이 터져 나오기도 하고, 그 반대의 순간에는 얼른 그 상황을 벗어나고 싶다는 생각도 하게 되죠.

물론 이 자체를 두고 옳다 그르다 판단할 수는 없을 겁니다. 다만 취향이라는 대상을 역량과 연결 지어 시너지를 낼 수 있게 하려면 조금은 다른 접근이 필요한 것도 사실이죠. 지금까지 이야기 나눈 내용에 비춰본다면 "완전 내 취향이야"라는 말은 '내가 요즘 중요시하는 가치에 더 근접한 상태야'라는 의미가 될 테고, "진짜 내 취향 아니야"는 '내가 지향하는 것과는 정반대 방향으로, 그것도 꽤 멀리 가 있는 느낌이야' 정도가 될 테니까요, 단순히 '이유는 모르겠지만 일단 저걸 보니 기분이 좋아졌어(혹은 싫어졌어)'라는 즉각적인 감정의 표현보다 몇 배 더 훌륭한 인사이트를 끌어낼 수 있음은 두말할 필요 없을 겁니다.

만약 여러분이 하고 있는 일이 누군가의 취향에 의해서 평가받을 확률이 높은 일이라면 가끔은 이렇게 취향에 관한 본질적인 정의를 다시금 떠올려보는 것도 중요합니다. '내 마음은 이 방향으로 치우쳐 있는데 왜 대중의 마음은 저기를 향하고 있는 걸까'라는 고민 앞에서 취향의 평행봉을 이리저리 움직이다 보면 비단 일과 삶에 대한 시야가 넓어질 뿐 아니라 시대의 흐름을 읽는 데도 큰 도움을 얻을 수 있거든요.

그래서 취향이랄 게 없어서 고민이라거나 딱히 취향이 강하지 않아 자기 색깔이 드러나지 않는다고 생각하는 사람들에게 저는 이런 말씀을 드리고 싶습니다. 취향은 크기의 문제이기도 하지만 방향의 문제이기도 하다고 말이죠. 내 취향이다, 아니다를 구분하는 것만큼이나 내 뜻趣과 내가 가는 방향向에 대한 나름의 기준을 찾는 것 역시 매우 의미 있는 활동이고, 가능하다면 이를 통해서 더 다양한 생각과 시각을 경험해보는 것이 좋다는 말도 덧붙이고 싶습니다.

여기에 딱 한 가지만 더 욕심을 낸다면 저는 '취향이 고급지다',

'취향이 남다르다'라는 말 대신 '취향이 유연하다', '취향의 주파수를 잘 맞춘다'라는 말이 더 많이 쓰이길 바라봅니다. 남들과는 다른 고급진 취향을 가지려면 뭔가를 더 많이 소유해야 할 것 같지만 취향의 주파수를 유연하게 잘 맞추기 위해서는 일단 내 마음가짐부터 고쳐먹어야 하니까요. 말의 힘을 믿는 사람 중 한 명으로서 저부터라도 이 표현을 더 자주 써봐야겠다고 다짐해봅니다.

+ 더하는 말

몇 해 전 이탈리아 밀라노를 여행했을 때의 일입니다. 열흘 가까이 에스프레소만 마셔오던 차에 밀라노 중심에 위치한 스타벅스 매장을 발견하자 그렇게 반가울 수 없더라고요. 두 번 고민도 하지 않고 들어가 아이스 아메리카노를 주문했는데 제 앞의 파트너가 종이컵에 이름을 써주며 이런 말을 건넸습니다.

"많은 외국인들이 에스프레소 먹기가 힘들다며 저희에게 와서 아메리카노를 달라고 해요. 일부 이탈리아 사람들은 아메리카노를 마시는 게 잘못된 커피를 마시는 거라고 생각하지만 저는 아니에요. 에스프레소도 마셔보고 아메리카노도 마셔보라고 하죠. 그 차이를 알고 나서 본인이 좋아하는 걸 고르면 되니까요. 근데 그거 아세요? 지금 아메리카노를 마시면 왠지 다시 에스프레소가 마시고 싶어질 걸요?"

부드럽고도 진한 설득력을 가진 파트너 친구의 능력이 부러워질 때쯤 그토록 고대하던 아이스 아메리카노가 눈앞에 등장했습니다. 그리고 그 친구의 예상과 달리 저는 아주 맛있게 아메리카노를 흡입했죠. 그런데 신기한 건 그 뒤로 이탈리아 여행을 마칠 때까지 다시 아메리카노를 찾는 일은 없었다는 겁니다. 정말 그의 말처럼 에스프레소가 다시 마시고 싶어졌거든요. 그사이 입맛이 변한 것은 아닐 테니 어쩌면 그건 아메리카노밖에 없던 제 삶에 에스프레소가 찾아온 며칠간의 경험이 새로운 취향의 방향을 만들어낸 것인지도 모릅니다.

그리고 한참 시간이 지난 지금도 저는 잊을 만할 때쯤 일부러 에스프레소를 찾아 마시고 있습니다. 내가 좋아하는 것과 누군가가 좋아하는 것 사이의 주파수를 맞추며 정교하게 제 취향을 세팅해가는 과정이 무척 즐겁더라고요. 이래서 자꾸 어디론가 떠나고 싶나 봐요. 가끔은 지금과 전혀 다른 그곳으로 평행봉을 획 하고 치우쳐보고 싶은 마음이 생기니 말이죠.

그럼 이제
그 진심이 보이도록
만드세요

혹시 여러분은 살면서 전혀 달갑지 않던 말이 꽤 반가운 말로 바뀌는 경험을 해보신 적 있으신가요? 전에는 너무도 듣기 싫은 말이었는데 어떤 사건을 계기로 나름 이해할 만해졌다든가 선입견이 덕지덕지 붙어 있던 표현이었지만 어느 순간 그 장막이 휘익 하고 사라졌다든가 하는 경험 말이죠.

    제겐 그런 단어가 하나 있습니다. 바로 '포장'이란 말입니다. 브랜딩과 관련한 일을 하다 보면 아주 초기 상태에서 본질적인 고민부터 해나가야 하는 순간도 있지만 다른 사람들이 완성하지 못하고 있는 마지막 단계의 과제를 대신 풀어야 할 때도 있습니다. 전자가 제일 앞단을 건드려야 하는 기획이라면 후자는 가장 끝부분을 매만져야 하는 작업인 셈이죠. 사실 저는 두 업무 다 좋아하는 편이라 어떤 상황이 주어져도 큰 거부감이 없지만 유독 마지막 단계에 해당하는 작업을 할 때면 종종 귀에 거슬리는 말이 들려올 때가 있었습니다.

> 도영 님은 포장하는 거 잘하니까 이것도 잘 좀 포장해주세요. 이거 저희에게 되게 중요한 거거든요.

사실 이 말을 들을 때면 나름 열심히 하고 있던 일에도 정이 뚝뚝 떨어지는 느낌이 들었습니다. 포장이라니요. 하물며 잘 좀 포장해달라니요. 마치 제가 내용물은 보잘것없음에도 이를 감추려 외형만 화려하게 꾸미거나, 좋은 말들로 애써 의미를 부여해 소비자를 현혹시키는 일을 하는 사람처럼 여겨지는 게 꽤나 불쾌했습니다. 그렇게 꾹꾹 참다가 한 번은 "제가 맡은 일이 그저 뭔가를 포장하는 일은 아닙니다"라고 말씀드렸더니 당사자도 당황한 채 그런 뜻이 아니라며 연신 손을 가로젓더군요. 내가 너무 까칠하게 군 건 아닐까 싶다가도 한편으로는 지금 바로잡지 않으면 나중에 더 큰 오해를 살 거라는 생각도 들고⋯ 단어 하나에 사람의 마음이 파도처럼 요동친다는 게 씁쓸하고도 신기했습니다.

다른 차원의 일

그날은 우연한 계기로 해외 매체에 소개된 스티브 잡스의 픽사 시절 에피소드를 읽게 된 날이었습니다. 평소에도 잡스의 일화들을 일부러 찾아볼 정도였으니 그의 말과 행보는 지구 반대편의 어느 직장인에게 큰 영감을 주고 있음이 분명했죠. 그렇게 여느 때처럼 흥미롭게 기사를 읽어 내려가던 중 한 대목에서 기존의 고정관념들이 바사삭하고 부서지는 듯한 소리가 들리기 시작했습니다.

기사에는 애플에서 쫓겨나 여러 사업을 전전하던 잡스가 영화 거장 조지 루카스로부터 픽사를 인수하던 시기의 이야기가 담겨 있었습니다. 그들이 가진 3D 그래픽 기술의 진가를 일찌감치 꿰뚫어 본 잡스는 픽사를 통해 새로운 사업을 꿈꾸기 시작했거든요. 그런 잡스의 전폭적인 지지에 픽사 직원들은 크게 감동했고 처음 픽사로 출근하는 잡스를 맞이하기 위해 큰 회의실에 전 직원이 모였습니다. 그리고 픽사의 CEO를 맡고 있던 애드윈 캣멀은 잡스에게 자신의 자랑스러운 직원들을 이렇게 소개했죠.

> 스티브, 여기 있는 우리 모두가 얼마나 진심을 담아 애니메이션을 만들고 있는지 모를 거예요. 다들 아이처럼 동심이 가득하고, 창의적이며, 늘 새로운 것에 도전하는 사람들이죠. 이들의 진심이 한데 모여 지금의 픽사를 움직

이고 있는 겁니다.

그러자 잡스는 표정 하나 변하지 않고 이렇게 대답했습니다.

그렇군요. 그럼 이제 그 진심이 사람들 눈에 보이도록 만드세요.

이 대사를 읽는 순간 조금의 과장도 보태지 않고 몸에 짜릿한 전류가 흐르는 느낌이 들었습니다. 그건 단순히 잡스의 냉정하고도 단호한 결정에 박수를 보내고 싶은 마음에서 비롯된 것은 아니었습니다. 오히려 제가 그동안 가지고 있던 진심이라는 대상을 향한 가치관과 그 진심을 상대에게 전달한다는 것에 대한 의미가 모두 뒤바뀌는 과정에서 촉발된 것이었죠.

캣멀의 기억에 따르면 잡스는 세상 누구보다도 순수한 열정을 가진 인물이었지만 가끔은 자기 영혼조차도 객관적으로 들여다볼 수 있는 전략가였다고 합니다. 그러니 그의 말은 픽사의 사람들이 아무리 진심을 다해 훌륭한 애니메이션을 만들고 있다고 해도 이를 관객들에게 전달하는 건 전혀 다른 차원의 일이라는 것을 모두에게 공표한 거나 다름없었죠.

광장을 설계하는 사람들

간혹 발표를 공유하는 자리에서 이른바 '빙산의 일각'이라고 불리는 사진을 보여주는 사람들이 있습니다. 바다 위 섬처럼 작게 솟아오른 빙하의 꼭지 부분 아래로 엄청나게 큰 빙산이 잠겨 있다는 걸 나타내는 바로 그 장면이죠. 이 사진을 보여주는 이유는 대부분 비슷합니다. '보여지는 것은 요만큼이지만 그 아래 얼마나 큰 것들이 숨겨져 있는지 당신은 모를 겁니다'라는 의도죠. 저도 멋모르던 시절에는 몇 차례 이 이미지를 사용한 적이 있었습니다. 특히 지금 소개하는 이 일이 얼마나 고생스럽고 힘든 프로젝트였는지를 어필해야만 했던 상황에서는 빙산의 일각만큼 효과적으로 설명되는 장면도 없었으니 말이죠.

하지만 일을 해본 분들은 아실 겁니다. 우리가 가진 이야기가 빙산이 아니라 대륙 하나를 덮을 만큼 크다고 해도 이를 보여줄 수 있는 기회가 쉽게 주어지지는 않는다는 사실을요. 아니 정확히 말하자면 사람들로 하여금 그 뾰족한 빙산의 일각에 주목하게 하는 일부터가 결코 만만치 않은 과제입니다. 수면 아래 제아무리 거대한 진심이 잠겨 있다고 해도 우리의 소비자와 사용자들이 보는 모습은 아주 작은 일부분에 지나지 않으니까요.

듣기만 해도 불쾌감이 치솟았던 포장이라는 단어를 다시금 들여다보게 된 것도 이즈음이었던 걸로 기억합니다. 잡스의 일화도, 빙산의 일각에서 얻은 교훈도 모두 드러나지 않는 것만큼이나 드러난 부분의 중요성을 강조하고 있었기 때문이죠. 더불어 그 드러나는 부분으로 누군가의 관심을 살 수 없다면 우리가 가지고 있는 진짜 중요한 것들을 보여줄 기회조차 얻지 못한다고 생각하니 새삼 포장이라는 단어가 다른 의미로 다가오기 시작한 겁니다.

브랜딩이란 영역에 주목해 이야기하면 이 부분은 좀 더 명확해집니다. 저는 브랜딩하는 사람을 광장을 설계하는 사람에 곧잘 비유하곤 하는데요, 이는 출구와 입구가 따로 정해져 있지 않은 광장의 특징에 빗대 우리의 상황을 설명하기 위해서입니다. 브랜드란 하나의 요소가 아닌 커다란 경험의 총합이기 때문에 사실 고객들이 어디서부터 우리 브랜드를 경험하기 시작하는지 그 포인트를 제대로 포착한다는 게 정말정말 어렵습니다. 동시에 어떤 이유로 우리 브랜드를 별로라고 느끼는지를 파악하는 것 역시 하늘의 별 따기죠.

따라서 많은 인파가 어디로 드나들지 모르는 거대한 광장을 설계하는 사람처럼 브랜드를 만들어야 하고, 반대로 경험의 접점이 될 만한 아주 작은 요소들에까지 모든 신경을 집중해야 합니다. 광장으로 다가오던 한 사람이 자신의 발 앞에 떨어진 휴지를 보고서 그냥 발길을 돌리고 만다면 우리는 그 광장 안에 담긴 어떤 경험도 전달할 수 없게 돼버리니 말이죠.

소중하게 감싸거나 완벽하게 매듭짓거나

더 이상 포장이란 말을 싫어하지 않는다는 사실을 언제쯤 설명할 수 있을까 호시탐탐 기회를 엿보고 있던 어느 날, 한 동료가 제게 이런 말을 건넸습니다.

> 오! 이 메시지를 어떻게 표현할까 고민이 많았는데 도영 님께서 제시해준 방향이 제일 잘 들어맞는 것 같아요.
> 역시 포장의 달인!

그러자 옆에 앉아 있던 동료가 팔로 툭툭 치며 "도영 님 그 말 안 좋아해…"라며 눈치를 주더군요. (제가 싫은 티를 많이 내긴 했나 봅니다. 물론 그렇다고 평소에도 쉽게 사람을 불편하게 만드는 스타일은 아닙니다….) 그리고 저는 이때다 싶어 재빠르게 해명에 나섰죠.

> 이제 그 말 안 싫어해요. 누가 그러는데 세상에서 제일 힘든 일 중 하나가 중요한 걸 중요하게 인식하도록 만드는 거래요. 그러니 만약 중요하지 않은 거였다면 제게 찾아와서 굳이 포장해달라는 말을 하지도 않았을 테고, 제 포장이 맘에 들지 않았다면 포장을 잘한다는 칭찬도 해주지 않았겠죠.

잡스가 그랬대요. "진심이 눈에 보이도록 만들라"고. 그래서 이제 포장 잘한다는 말을 들으면 이렇게 생각하고 받아들입니다. '아, 내가 누군가의 진심이 보이도록 잘 안내했구나' 하고요.

너무 오글거리는 대사를 던졌나 걱정하는 사이 앞에 앉아 있던 동료들이 연달아 손뼉을 치며 화답했습니다.

제가 진짜 하고 싶은 말이 바로 그거였어요! 혹시나 우리가 전달하고 싶은 메시지가 사람들에게 가닿지조차 못할까 봐 전전긍긍하며 부탁드린 거였거든요. 우리 이야기를 들어보고 싶게 해주는 거, 우리 마음을 이해할 수 있게 해주는 거. 그게 저희가 의미한 포장이었어요.

뭐, 물론 이 말 역시 하나의 포장(?)이었을지 모르지만 이제 저는 괜찮습니다. 포장이란 단어를 포장하고 있는 선입견이 여전히 우리 주변에 퍼져 있긴 하지만 속에 담긴 진심을 누구보다 잘 이해하고 있으니까요, 그 본질에 집중하며 제가 하는 일에 조금 더 자부심을 가져도 되겠다는 생각이 들더라고요. 그리고 만약 제가 이런 주제로 글을 쓰지 않았다면 여러분도 포장이란 단어를 여전히 부정적으로만 생각하고 있을 가능성이 크지 않을까요? 그렇게 생각한다면 저는 좋은 포장을 원하는 그 사람들의 진심이 여러분에게 가닿을 수 있도록 적절히 잘 설명한 것인지도 모릅니다. 작게나마 포장에 담긴 진심이 여러분의 눈에 보일 수 있도록 도운 것일 수도 있고요.

여담이지만 '포장하다'에 가장 가까운 영단어인 'wrap'의 어원을 찾아본 적이 있습니다. (집요하죠…?) 유래가 고대 스칸디나비아어까지 거슬러 올라간다는 이 단어는 "소중한 것을 감싸거나, 무엇인가를 완벽하게 마무리해서 매듭짓는다"는 뜻을 가지고 있더라고요. 그러니 따지고 보면 제게 주어진 그 포장 일 역시 이 단어의 속뜻과 크게 다르지 않았음을 알 수 있습니다. 그들이 소중하게 생각하는 것을 잘 포괄할 수 있고 동시에 마지막 화룡점정을 찍어 마무리할 수 있는 역할을 의뢰한 것이라면 언제나 두 팔 벌려 격하게 환영인 거죠.

그리고 어쩌면 여러분 주위에도 그런 단어들이 있을지 모릅니다. 누군가가 어울리지 않는 포장지를 씌워놓은 바람에 늘 심기를 거슬리게 하는 말들이 내 가까이에 존재할 수도 있거든요. 말 한마디에 필요 이상의 신경을 쓰며 사는 것도 버겁긴 하지만 가끔은 내 손으로 그 본질과 진심에 어울리는 포장을 해주는 건 어떨까도 싶어요. 그럼 누군가는 여러분의 포장으로 그 단어를 만나게 될 테고, 여러분은 누군가의 진심이 보이도록 하는 일에 동참한 것일 테니 말입니다.

+ 더하는 말

우리나라의 내로라하는 영화와 드라마 포스터들을 제작한 박시영 디자이너님은 영화 포스터 만드는 일을 압축파일에 비유하기도 했습니다.

"포스터 한 장에는 엄청나게 많은 정보가 페이스트리처럼 쌓여 있어요. 인물 정보와 작품 배경을 비롯해 영화의 톤 앤 매너, 전달하고자 하는 메시지 등 수많은 것들이 담기는데 저는 그 모든 걸 한약처럼 달여 한 방울 쭉 짜내는 일을 하는 사람이에요. 그리고 관객들은 그 한 방울을 가지고 거대한 압축파일을 푸는 재미에 빠지는 거죠."

저는 이 말이 포장을 중요하게 생각하는 사람들의 주요한 가치관과 맞닿아 있다고 생각합니다. 상대의 진심이 궁금해지게 하는 기술, 누군가의 이야기를 두근거리며 상상하게 만드는 과정이야말로 장인이 짜내는 한 방울의 엑기스이자 정교하게 설계된 압축파일일지도 모르니까요.

새로운
제1 연상이
생겼어요

함께 일했던 동료 중에 '백그라운드 맨'이라는 별명을 가진 분이 있었습니다. 별명만 두고 보면 마치 뒤에 엄청난 권력을 가진 후원자가 있는 듯한 느낌이지만 실상은 전혀 달랐죠. 그분의 대표적 취미 중 하나는 회사 PC나 노트북의 바탕화면을 수시로 바꾸는 것이기 때문이었습니다. 일주일에 서너 번은 기본이고 가끔씩은 하루에도 여러 번 다양한 이미지로 바탕화면을 교체했거든요. 어떤 날은 휴가 때 가고 싶은 곳이라며 지상낙원 같은 사진을 설정해놓기도 했고 또 어떤 날은 좋아하는 배우나 꿈에 그리던 드림카 사진을, 그다음 날은 인상 깊은 글귀가 담긴 이미지를 걸어놓기도 했죠. 알고 보니 본인의 휴대전화 배경화면도 정말 자주 바꾸고 계셨고요. 그래서 그 사연을 알게 된 동료들이 배경화면 바꾸기를 좋아하는 특징을 빌어 백그라운드 맨이라는 별명을 붙여준 것이 었습니다.

다른 분들에겐 그런 모습이 엄청 신기하게 다가왔을지 몰라도 무엇보다 저는 그 이유가 너무 궁금하더라고요. 자동으로 배경화면을 바꿔주는 앱을 사용하는 것도 아니고 손수 이미지를 찾고 또 골라서 매번 배경화면을 교체하는 취미 활동이 무척 신선했거든요. 혹시 특별한 사연이 있나 싶어 조심스레 질문을 던졌는데 백그라운드 맨으로부터 꽤 철학적인 대답이 돌아왔습니다.

제 눈에 보이는 것들 중에서 제가 가장 쉽게 영향력을 행사할 수 있는 거니까요! 뭔가 주변 분위기를 바꿔보고 싶다는 생각이 들어도 다른 건 쉽지 않더라고요. 매번 집 인테리어를 바꿀 수도 없고 새로운 옷을 사 입는 것도 한계가 있잖아요. 그런데 배경화면은 너무 쉽게 교체가 가능해서 좋아요. 게다가 거의 매일, 매시간 보다시피 하는 화면을 제가 원하는 대로 세팅해놓으면 기분이 바뀌는 걸 넘어서 뭔가 새로운 마음가짐을 가지게 되거든요.

지금 떠오른 바로 그 장면

혹시 '제1 연상'이라는 개념을 아시나요? 심리학이나 정신분석학에서는 여러 용어로 분파되어 있는 개념이긴 하지만 인간의 뇌 활동에 지대한 영향을 미친다고 알려져 있는 중요한 연상작용 중 하나가 바로 이 제1 연상인데요, 소개를 좀 장황하게 했지만 사실 그 의미는 굉장히 심플합니다. 어떤 대상을 떠올렸을 때 우리 머릿속에 가장 먼저 떠오르는 첫 번째 이미지가 다름 아닌 제1 연상이 되는 것이거든요.

만약 지금 누군가로부터 뉴욕이라는 단어를 들었다고 한다면 여러분 각자의 머릿속에도 곧바로 떠오르는 뉴욕의 이미지가 있겠죠? 이미 뉴욕을 방문해보신 분이라면 그때의 경험 속 가장 인상 깊었던 장면 하나가 자리하고 있을 수도 있고, 그렇지 않은 분이어도 여러 가지 정보를 통해 만들어진 뉴욕이라는 특정한 비주얼이 존재할 테니 말입니다.

이처럼 어떠한 개념과 마주할 때 우리 뇌는 그 개념과 가장 밀접하게 생각되는 이미지 한 장을 골라서 다가올 연상작용들을 돕습니다. 그래야 그 대상과 연결되는 여러 가지 정보들을 빠르게 이어붙일 수 있고 새로 받아들이는 정보를 어디에 어떻게 저장할지 결정할 수 있기 때문이죠. 이런 이유로 인해 제1 연상은 흔히 우리가 첫인상이라고 부르는 초두효과 primary effect 나 자신의 신념과 가치관이 투영된 고정관념과는 조금 다른 결로 분류되기도 합니다.

제가 제1 연상에 관심을 가지게 된 대표적인 계기 중 하나는 우리가 새로운 생각을 떠올리는 데 있어 이 개념이 너무도 큰 영향력을 발휘하고 있다는 걸 알게 되었기 때문입니다.

저는 다른 직군에 비해 비교적 아이디어를 중요시하는 일을 하며 살고 있습니다. 물론 아이디어를 떠올리는 행위보다 그 아이디어를 잘 실행하고 마무리 짓는 게 훨씬 중요하다는 것을 잘 알고 있지만 그래도 늘 새로운 앵글에서 새롭게 들여다보는 훈련을 하지 않으면 필연적으로 도태되고 마는 업에 머물고 있는 게 사실이죠. 그래서 생각을 잘 떠올리고, 분류하고, 정리하고, 구체화하고, 점검하는 일련의 과정에 좋은 영향을 줄 수 있는 거라면 어떤 것이라도 긍정적으로 시도해보려고 노력하고 있습니다.

그런 과정에서 알게 된 것이 바로 이 제1 연상을 의도적으로 교체하는 작업이었습니다. 심리학에서는 우리가 새로운 생각을 떠올리기 힘들어하는 요인으로 제1 연상을 계속 붙들고 있으려는 관성의 힘을 지적합니다. 저만 하더라도 어설프게나마 경험한 무언가가 제1 연상으로 자리 잡고 있으면 그 방향으로 생각을 확장시키는 게 편하고 효율적이다 보니 굳이 다른 생각에까지 손이 닿지 않는 경우가 많거든요. 한편으로는 이런 작업의 결과가 연륜이

나 노하우로 평가되기도 하지만 새로 발견할 수 있는 수많은 기회와 가능성을 지나쳐버린 것이라고 생각하면 아찔해지는 순간도 있습니다. 핵심에 가까워지기 위한 갖가지 노력 대신 내가 가지고 있는 제1 연상의 수준에서 적당히 얼버무려버린다면 그것만큼 최악의 기획은 없을 테니 말이죠. 때문에 어떻게든 평소 다양한 연상작용에 주의를 기울이고 교체가 필요한 연상이 있다면 새롭고 의미 있는 이미지들로 바꾸려는 시도를 해야 함이 확실합니다.

읽고, 쓰고, 교체하라

백그라운드 맨의 설명을 듣고 나서 머릿속이 쨍하게 맑아진 이유도 같은 맥락에서였습니다. 저는 그분이 해주신 말 중에서 '영향력'이라는 단어가 가장 크게 다가왔거든요. 기분에 따라 배경화면을 교체하는 일이야 누구든 할 수 있겠지만 그 작은 행동이 스스로 생각을 환기하며 자신이 하는 일에 좋은 자극을 주는 데까지 이어진다면 그때는 이야기가 달라지는 거니까요. 백그라운드 맨은 나름의 방법을 통해 제1 연상을 계속 교체하고자 노력 중인 것이라고도 볼 수 있는 거죠.

실제로 전문가들이 추천하는 제1 연상을 교체하는 방법은 크게 세 가지로 나뉩니다. 첫째는 경험, 둘째는 강도, 셋째는 훈련이죠.

경험은 앞서 설명한 바와 같이 새롭게 체험한 것으로부터 얻어진 이미지들이 기존의 제1 연상을 자연스럽게 대체하는 것을 뜻합니다. 10년 전 뉴욕을 여행했던 사람이 지금 다시 뉴욕을 방문한다면 아무래도 최신 경험으로 이미지가 덧입혀질 확률이 크기 때문이죠. 오늘 본 것이 어제와 같지 않고, 그때의 내가 지금의 나와 다르다는 사실을 인정할 수밖에 없는 것도 이렇게 경험이 거듭되며 바뀌어가는 우리 마음속 풍경에서 기인하는 것인지도 모릅니다.

반면 강도는 말 그대로 임팩트가 더 큰 사건이 앞선 연상을 덮어버리는 현상이라 할 수 있습니다. 한 통계에서는 예전의 미국 국민 대다수는 911이라는 숫자를 보고 소방서나 응급구조를 먼저 떠올렸지만 2001년 이후에는 테러가 먼저 생각난다고 답한 비율이 55퍼센트나 증가했다고 밝혔습니다. 이처럼 의도했든 의도하지 않았든 훨씬 큰 영향을 가진 경험이 반강제적으로 우리의 제1 연상을 밀어낼 수도 있는 것이죠.

하지만 그중에서도 제 이목을 사로잡은 연상 교체 방법은 다름 아닌 훈련이었습니다. 이 훈련이야말로 우리가 자율적으로 또 적극적으로 실행해볼 수 있는 단계가 아닌가 하는 생각이 들었기 때문이죠. 사실 경험을 하는 데는 물리적으로나 비용적으로나 한계가 있기 마련이고, 강도는 매번 더 큰 자극을 추구해야 하기 때문에 우리 힘으로 결정하기가 매우 힘들거든요. 대신 이 훈련의 단계는 어떻게든 내가 실생활에서 조금씩, 내 의지대로 영향력을 행사하며 우리 머릿속에 새로움을 불러들일 수 있는 유일한 방법에 가깝습니다. 게다가 훈련을 하면 할수록 내 마음에 드는 제1 연상들이 조금씩 늘어난다는 기분 좋은 기대감도 갖게 되고 말이죠.

그 기초적인 훈련법으로 가장 많이 언급되는 것은 다름 아닌 읽기와 쓰기입니다. 너무 뻔한 방법이라 약간 실망하셨을지도 모르지만 그 이유를 듣고 나면 자동적으로 고개가 끄덕여질 수도 있죠.

우선 읽기는 눈에 보이지 않는 대상을 시각적 이미지로 치환해 저장하는 가장 빠르고 효과적인 수단입니다. 여러분만 해도 지금 이 책을 읽으시면서 머릿속으로 여러 가지 생각들을 떠올렸을 테고 그 생각 중 대부분은 아마도 이미지의 형태로 변환되었을 가능성이 큽니다. 게다가 우리가 읽는 글이 새로운 질문거리를 안겨주는 글이라거나 다양한 상상으로 안내하는 지름길을 열어주는 내용이라면 제1 연상의 교체는 너무도 자연스럽게 이뤄지는 거죠.

때문에 '책 한 권이 인생을 바꿨다'라고 이야기하는 사람들 역시 어떤 의미에서는 '그 책이 오랫동안 내 머릿속을 차지하던 제1 연상을 바꿔줌으로써 색다른 시각을 가질 수 있게 되었고, 전에 못한 생각을 할 수 있게 되었다'고 말하고 있는 것인지도 모릅니다. 책을 사랑하는 사람들에게는 책을 더 사랑할 수 있는 이유가 하나 추가되는 셈이죠.

하지만 한편으로는 읽기 못지않게 쓰기의 영역에서 제1 연상 교체가 더욱 활발하게 일어나기도 합니다. 글을 읽을 때는 작가의 의도를 따라가야 하기 때문에 비교적 수동적으로 연상작용이 이뤄지지만 온전히 내 힘으로 글을 쓸 때는 이 작업의 주체성이 폭발적으로 증가한다는 거죠. 어떤 단어를 써서 상대를 설득할지, 어떤 표현으로 공감과 연대를 이끌어낼지를 고민하다 보면 본인 스스로 수많은 이미지들을 떠올리고, 고르고, 교체하는 작업을 할 수밖에 없다는 얘깁니다.

심지어 저만 하더라도 지금 이 순간, 제1 연상에 대한 예시를 뉴욕으로 들지 아니면 다른 대상으로 들지 여러 번 고민하면서 글을 쓰고 있거든요. 하물며 글을 처음 시작할 때보다 3분의 2 정도 다다른 지금 시점에서는 그동안 제가 가지고 있던 제1 연상에 대한 생각이 더욱 선명해지고 또렷해지는 경험을 할 수 있었습니다. 그러니 굳이 아이디어를 쥐어짜려고 하지 않아도 물 흐르듯 매끄러운 흐름 속에서 여러 가지 생각들을 만날 수 있는 기회를 얻는 거죠.

이름을 붙여주었을 때

여기에 저만의 방법을 한 가지 더 보태자면 저는 이름 짓기, 이른바 '네이밍' 훈련을 추천하고 싶습니다. 직업 특성상 저도 다양한 영역에서 네이밍을 해야 하는 일이 자주 있는데요. 그럴 때마다 느끼는 것 중 하나는 기획의 종합예술이자 브랜딩의 교감신경에 해당하는 일이 바로 네이밍일 수도 있겠다는 사실입니다.

물론 이 네이밍에 꼭 전략적인 접근만 존재하는 것은 아닙니다. 단순히 창업자의 이름을 따서 짓기도 하고, 그냥 대충 붙인 이름이 브랜드가 성장함에 따라 자동적으로 의미를 갖게 되는 경우도 부지기수니까요. 하지만 의도적으로 하나의 이름을 선택해야 할 때는 그 이름이 갖는 성질부터 표현해야 하는 대상, 쓰이거나 불려지는 구체적인 상황은 물론, 다른 대상과의 차별화 지점에 이르기까지 고려해야 할 사항이 한두 가지가 아닙니다.

따라서 이름을 뭘로 지을지를 고민하다 보면 여러분의 머릿속에 존재하던 이미지와 느낌들이 여러 차례 뒤바뀌는 경험을 할 수 있을 뿐 아니라 가장 어울리는 비주얼을 찾고 또 만드는 훈련을 할 수 있기 때문에 제1 연상이 역동적으로 교체되는 순간들을 목격할 수 있죠. 이런 이유들로 저는 네이밍 작업이 어렵고 힘들더라도 늘 애정이 가는 것 같아요. 제가 가진 모든 감각을 총동원하도록 해주는 일이기도 하니까요.

만약 업무적으로 네이밍을 할 기회가 없다면 우리 실생활 속에서 욕심을 내봐도 좋습니다. 여러분이 친한 친구들과 함께 모여 있는 메신저 대화방 이름을 짓는 것쯤이야 얼마든지 쉽게 할 수 있지 않을까요? 지도 앱 속에 담긴 나만의 맛집 리스트에 사용할 이름은 또 어떤가요? 소중한 물건에 붙여두는 애칭, 아끼는 사람들을 부르는 별명, 헷갈리는 용어나 어려운 의미를 대체할 수 있는 나만의 신조어까지 여러분만의 이름을 기다리는 제1 연상은 셀 수 없이 많습니다. 그러니 읽고 쓰는 것이 아직은 부담스럽게 느껴진다면 이런 가벼운 것들로부터 여러분의 생각을 바꿔 나가도 좋다는 말씀을 드려봅니다.

이 글을 쓰기 위해 백그라운드 맨을 만나서 먼저 원고를 보여주고 확인을 받는 절차(?)가 있었습니다. 혹시나 제가 그의 의도와 어긋난 표현을 써서는 안 되니까요. 그런데 걱정과는 달리 원작자는 너무도 반가운 마음에 자신의 배경화면 교체론을 더 열심히 전파하기 시작했습니다. 그리고 제게 이런 말을 덧붙여주었죠.

제1 연상이란 용어를 써주신 덕분에 제 배경화면 사랑에도 더 힘이 실리는 것 같아요. 새로운 목표가 생겼다거나, 새로 도전해보고 싶은 게 있다는 말 대신 저는 이 말을 더 자주 사용하게 될 것 같거든요. '이제 저에게 또 새로운 제1 연상이 생겼어요'라고 말이에요. 그런 의미에서 배경화면도 더 적극적으로 바꿔볼게요. 지금까진 기분에 따라서만 바꿨다면 앞으로는 경험, 강도, 훈련을 고려해서 바꿔보려고요!

저야말로 백그라운드 맨으로부터 또 한 가지 도움을 받았습니다. 저 말을 듣고 난 다음 이 글의 제목을 다시 고쳐 쓰게 되었거든요. 원래 쓰려고 후보군에 올려놓았던 제목보다 그가 해준 말이 훨씬 생생하게 다가왔고 거기에 개인적인 바람까지 더해지니 더할 나위 없이 완벽했기 때문이죠.

새로운 제1 연상이 생겼다니. 생각하면 할수록 내 삶을 내 방향으로 세팅해가는 사람의 자신감이 묻어난 말이 아닐 수 없습니다. 머릿속 바탕화면을 원하는 대로 바꿀 수 있는 것, 이를 통해 새로운 생각을 마음껏 받아들일 수 있는 것. 기획을 하는 우리들에게 이보다 더 좋은 태도가 또 있을까요?

+ 더하는 말

연차가 높아진 사람들 사이에서는 이런 말이 흔하게 튀어나옵니다.

"저는 이제 머리가 굳어서 더 이상 신선한 아이디어가 잘 안 나와요. 이런 일은 조금이라도 어린 분들이 더 잘할 것 같습니다."

한때는 저도 이 말에 동조할 뻔했던 적이 있지만 지금은
생각이 많이 달라졌습니다. 스스로 제1 연상을 찾고 바꾸는
작업을 하지 못한다면 나이가 적고 많음을 떠나서, 경험이
많고 적음을 막론하고 누구든 정체될 수밖에 없으니 말이죠.
좋은 아이디어를 가로막는 요인이 물리적인 조건인지
각자의 태도인지를 다시금 생각해보게 하는 대목입니다.
그래서 요즘엔 새로운 생각의 수혈이 필요한 일을 만날 때면
이 질문이 제 머리속에 자연스레 떠오르곤 해요.

'자, 이제 우리가 가지고 있는 제1 연상을 어떻게 또 무엇으로
교체해볼 수 있을까?'

Part 2. 　　더 나은 방향으로 이끄는 말들

-3년,
+3년이
지금의 나야

가끔 그럴 때 있지 않나요? 어떤 무리 안에서 유독 나만 이방인처럼 느껴질 때 말이죠. 이방인이라는 단어가 좀 무겁게 다가올지 모르지만 주위 사람들이 공유하고 있는 경험과 내가 가진 경험의 재질이 다르다고 생각되는 순간 이유 모를 어색함을 느껴본 경험들이 아마 한 번쯤은 있을 겁니다.

    누군가는 이를 극복해보고자 더 적극적으로 타인의 경험 속으로 뛰어들기도 하고 또 어떤 사람들은 조금은 기가 죽은 채로 나의 경험을 등 뒤로 감추려는 욕망과 맞닥뜨리기도 하죠. '남 신경 쓰지 말자, 사람이 어떻게 다 똑같을 수 있나, 다양성이 생존의 필수 조건이다'라고 속으로 되뇌어봐도 나도 모르게 의식되는 그 이질감의 잔여물들이 종종 우리를 불편하게 할 때가 있습니다.

저도 그런 순간이 있었죠. 거슬러 올라가자면 20년도 더 된 일이지만 남들과는 다른 전공을 선택한 뒤 고등학교 막바지에서야 진로를 바꿔 대학에 들어갔고, 평생 살던 부산을 떠나 독립과 동시에 서울 생활을 시작했거든요. 그러니 어찌 보면 성인으로서의 자아가 형성될 즈음이 제게는 첫 이방인 타이틀이 주어진 시점이었는지도 모르겠습니다. 게다가 학과 시절에는 전공과 다른 광고와 마케팅을 하고 싶다고 마음먹으며 또 한 번 진로의 방향타를 조정해야 했고, 회사에 들어온 뒤로도 디자이너가 많은 조직에 몸담은 시간이 꽤 길었기에 나 이외의 사람들이 향유하는 공통점을 찾아 이해하는 것이 일종의 미션처럼 되어버린 것 같기도 하더군요.

누군가는 이런 경험들이 대수롭지 않은 것처럼 여겨질지 몰라도 아마 저와 비슷한 생각을 하는 분들도 분명 존재할 겁니다. 내가 하고 싶은 것들을 찾아 겨우겨우 여기까지 왔는데 오히려 그곳엔 나와 다른 사람들이 더 많은 것 같고, 나는 그저 조금이나마 나아지려 노력했을 뿐인데 새로운 세상으로의 문을 하나 열고 들어온 것 같은 혼란함이 있는 법이니까요.

지금, 나라는 사람의 질량

형, 저는 왜 늘 맘 편히 살아본 적이 없을까요? 그렇다고 이제 와서 주위에 저와 비슷한 경험과 생각을 가진 사람들이 늘어나길 바라는 건 잘못된 욕심일까요?

평소 서로에게 이런저런 넋두리를 풀어놓는 친한 형을 만나 제가 가진 고민을 꺼내본 적이 있습니다. 우스운 건 그 형이야말로 저와 걸어온 삶의 궤적이 완전히 다른 사람인데도 그저 친하다는 이유만으로 이런 고민의 쓴잔을 나눠 마셔야 했다는 거죠.

각자가 가진 과거의 유산이 참 중요한 건 맞는데 또 그걸 너무 족쇄처럼 안고 살 필요는 없는 것 같아. **나는 -3년, +3년이 '지금의 나'라고 생각하거든.** 지난 3년을 어떻게 살아왔냐라는 흔적과 앞으로 3년을 어떻게 살아갈까라는 기대감이 한 사람의 현재를 설명해준다는 거지. 그렇게 생각하면 아주 먼 과거가 내 발목을 잡는 일도 없는 것 같고 동시에 허무맹랑한 미래에 기대지도 않게 되는 것 같아.

이 말이 단번에 이해되었다고 하면 아마도 거짓말일 겁니다. 듣는 당시에는 '내가 살아온 시간은 모두 나의 궤적인데… 그럼 3년이 지난 과거는 큰 의미가 없다는 건가? 그것도 지금의 나를 만드는 데 아주 중요한 역할을 했을 텐데?'라는 생각이 들었던 게 사실이거든요. 더 속상한 건 지난 3년과 앞으로의 3년으로 인생의 반경을 좁혀보니 내 손에 들려 있는 결과물이 너무 단조로운 것 같아 더 큰 불안감이 밀려오더군요. 그래서 그때는 듣는 둥 마는 둥 하고 넘겼는데 우연히 다시 만난 자리에서 그 형은 한 번 더 같은 얘길 꺼내더라고요. 아마 제가 당시의 고민에서 크게 발걸음을 떼지 못했다는 것을 눈치챘는지도 모르죠.

> 어디선가 들은 말인데 우리가 평소에 하는 생각 중 현재와 연관된 생각은 10퍼센트가 채 안 된대. 대부분 지나간 과거나 아직 찾아오지 않은 미래에 대해 생각한다는 거지. 어떻게든 과거와 미래를 이으면서 현재를 살아야 하니까 말이야. 하지만 이왕이면 너무 옛날의 나, 너무 먼 미래의 나를 만나기보다 적당한 시점의 나와 대화하는 게 중요하지 않을까? 그게 –3년, +3년 정도면 합리적이지 않은가 싶고.

오! 이번엔 저도 조금은 더 설득이 되더군요. 어쩌면 제가 느낀 그 이방인의 감정이라는 것 역시 그저 서로를 구분 짓기 위해 언제였을지도 모를 나의 과거와 타인의 과거를 무리하게 엮어낸 것인지도 모르죠. 누군가에게 찾아가 "20년 전 우리 각자가 한 경험이 달라서 지금도 이질감이 느껴집니다"라고 한다면 고개를 끄덕이며 맞장구쳐줄 사람은 아무도 없을 테니 말입니다.

무엇보다 그 말을 듣고 나니 일단 저부터가 한결 홀가분해지는 기분이었습니다. 지난날의 나를 부정하는 것이 아니라 '지금의 나'를 조금 더 분명하게 정의할 수 있다면 앞으로를 더 잘 살아볼 수 있을 것 같았거든요. 과거의 내가 너무 무겁게 느껴지지도, 미래의 내가 너무 막막하게 느껴지지도 않으니 지금의 나는 어느 정도 질량의 사람인지가 체감되었다고나 할까요. 처음엔 쉽사리 이해되지 않던 말이 곱씹어볼수록 은근한 맛을 자아낸 덕분에 그 매력이 더 짙어지기 시작했습니다.

사라진 시간

몇 해 전 1월의 어느 추운 겨울날이었습니다. 예전 팀원들과 함께 한 해의 먹거리를 구상하기 위한 워크숍을 갔던 적이 있었거든요. 누군가 우리에게 툭 하고 미션을 떨어뜨려준대도 이를 달성하기란 결코 쉽지 않은 법이지만 새로운 목표를 스스로 정해야 할 때는 그 나름대로의 고충이 더 크기 마련입니다.

그날의 저희 역시도 각자가 새로운 사업 목표를 하나씩 꺼내놓아야 했었는데요, 한 사람이 특정한 미션을 설명하면 나머지 사람들이 실현 가능 여부와 아이디어에 대한 피드백을 자유롭게 주는 방식이었죠. 그런데 이때 꽤 묘한 광경이 펼쳐지더군요. 각자 자신의 목표를 설명할 때는 비교적 현재 상황에 초점을 맞춰 이야기하다가도 다른 사람의 아이디어에 의견을 줘야 하는 순간이 오자 아주 옛날 에피소드부터 아직 실현되지 않은 미래의 사건까지 곁들여 부정적인 의사를 비췄기 때문입니다.

예를 들면 "10년 전쯤 비슷한 프로젝트가 있었는데 별 성과가 없었어요. 사용자 반응도 부정적이었던 걸로 기억하고요", "근데 곧 이 분야도 알고리즘이 본격적으로 적용될 텐데 그럼 지금 얘기하신 아이디어는 크게 사업성이 없는 것 아닐까요? 그땐 이미 모두 자동화되어 있을 테니까요" 같은 식이었죠. 당연하게도 워크숍 역시 이렇다 할 성과 없이 마무리되고 말았습니다. 서로 냉정하고 날카로운 시각을 보여주는 것은 존중받아 마땅하지만 그 원칙과 범위가 일정치 않으니 어느 것 하나 진지한 주제로 발전할 수 없었던 거죠.

몇 주간 고민의 시간이 지나고 어찌어찌 새로운 사업 목표가 수립되긴 했지만 그 과정에서 제 머릿속을 떠나지 않던 단어가 하나 있었습니다. 바로 '-3년과 +3년'이었죠.

저도 기획 일을 하고 있지만 사실 기획이란 건 해보기 전까지 아니 정확히는 성공시키기 전까지 그 누구도 확답할 수 없는 과정의 연속입니다. 정량적인 데이터를 긁어모으고, 각계각층의 이야기를 들어본다고 해도 귀에 걸면 귀걸이, 코에 걸면 코걸이 식의 판단이 줄을 잇기 때문이죠. 그래서 대다수의 사람들이 어떤 부분에 집중하고, 어디부터 어디까지를 다룰지 나름의 영역을 정하지만 신기하게도 그중에서 자주 간과하게 되는 게 바로 '시간의 영역'입니다.

즉 현재의 결과물에 집중해도 모자랄 시점에 누군가는 한참도 더 된 개인의 과거 경험을 또 누군가는 발생할 가능성이 혜성 충돌 확률보다도 낮은 미래의 문제를 꺼내 확대해석한다는 거죠. 마치 제가 느낀 그 이방인의 마음으로 기획물을 들여다보니 어떤 것에도 정을 붙이지 못하고, 무엇 하나도 과감히 결정할 수 없는 고착 상태에 빠져버리게 되는 겁니다. 훨훨 날아가도 모자랄 아이디어들이 태어나기 전부터 과거의 굴레와 미래의 운명을 한 아름 짊어지는 거라고도 할 수 있죠.

인생 '내'컷

동영상 편집을 해본 분이라면 아마 '프레임 바$_{\text{frame bar}}$'라고 불리는 메뉴를 잘 아실 겁니다. 1초 분량의 소스에도 수십 개로 쪼개져 있는 그 프레임들을 자르고 붙이며 하나의 영상으로 만드는 과정이 편집의 진정한 묘미니까 말이죠. 그리고 그 작업에서 빠질 수 없는 존재가 바로 어디서부터 어디까지 프레임을 연결하고 끊을지를 결정하는 프레임 바입니다. 저도 가끔 영상을 편집해야 할 때가 있는데 전문가에 비할 건 아니지만 그때만큼은 이 프레임 바를 다루는 행위가 전지전능한 마법 지팡이를 가진 것처럼 느껴지기도 하더라고요. 모든 것이 담긴 생생한 원본을 내 마음대로 조절해서 보여줄 수 있다는 건 누군가의 관점에 지대한 영향을 미치는 일이기도 하니까 그런 기분을 느끼는 게 아주 이상한 일은 아닐지도 모르죠.

그리고 저는 우리가 일하며 살아가는 과정에서도 이 프레임 바를 적절히 잘 이용해야 한다는 생각을 해봅니다. 《후회의 재발견》이라는 책을 쓴 유명 작가 다니엘 핑크의 말을 빌리자면 "인생은 누가 잘 사느냐, 누가 무엇을 남기느냐가 아니라 내가 내 경험과 기억을 얼마나 잘 편집하느냐에 달려 있다"고 하거든요. 어차피 모든 원본 데이터를 다 가져갈 수 없는 삶이라면 무엇을 남기고 이어붙일지가 관건일 테고, 그러려면 '지금 나는 무엇에 집중할 것인가'라는 나름의 구분선 정도는 가지고 있어야 우리에게도 이른바 편집점이라는 것이 생긴다는 얘깁니다.

때문에 만약 여러분이 어딘가에서 나만 이방인인 듯한 느낌이 든다거나 '차라리 아무것도 모르던 시절이 낫네. 어쭙잖은 경험이 쌓이다 보니 뭐 하나 결정하는 것도 쉽지 않구먼'이라는 생각이 든다면 인생의 프레임 바를 -3년, +3년에 맞춰보는 것도 좋습니다. 그게 지금의 나를 설명해주고 또 지금 내가 해야 할 일들의 길잡이가 되어준다면 이것이야말로 인생의 포커스를 제대로 두고 사는 것일 테니 말이죠.

이런 생각이 자리 잡은 뒤로는 함께 일하는 사람들에 대해서도 저만의 작은 편집점이 마련되더군요. 한참 전의 과거 경력만을 지나치게 자랑하는 사람은 예전에 만들어놓은 버전에서 한 프레임도 새로 추가하지 못한 사람처럼 보이고, 반대로 '앞으로 나는 이런 걸 할 거다'라고만 떵떵거리는 사람이라면 아직 녹화 버튼도 누르지 않은 채 그 무엇도 자기 것으로 기록하지 못하고 있구나라는 생각이 드니까요. 나만의 프레임 바를 움직여가며 현실감 있는 초점을 잡는 것이야말로 내 일과 내 인생의 중심을 세우는 일은 아닐까도 싶습니다.

+ 더하는 말

선배 노릇 좀 해볼 마음으로 아끼는 후배에게 이 이야기를 해준 적이 있습니다. 그랬더니 후배는 이렇게 답하더군요.

"저는 가끔 4년마다 열리는 월드컵에 비교해서 제 삶을 추적해볼 때가 있어요. 지난 월드컵을 했을 때쯤 나는 뭘 하고 있었나… 그럼 다음 월드컵을 할 때쯤 나는 뭘 하고 있어야 할까 하는 식이죠. 근데 그런 사이클로 인생을 사는 것도 재미있더라고요. 그거 아세요? 앞으로 내 삶에서 몇 번이나 월드컵을 더 볼 수 있을까 세다 보면 화들짝 놀란다니까요. 시간이 없구나… 얼른 더 재미있는 것들 많이 하며 살아야지 하는 생각이 마구 샘솟거든요."

덕분에 저는 후배로부터도 선배와 같은 조언을 얻었지만 이런 시각으로 내 세상을 바라보는 것도 흥미진진할 거 같단 생각이 들었습니다. 누군가에게는 지난 월드컵과 다음 월드컵 사이가 '지금의 나'일 수도 있으니 말이죠.

취소선이 아니라
'과정선'이라고
불러야겠어

혹시 이 글을 읽고 있는 분들 중에도 '취소선'을 즐겨 사용하는 분이 계실지 궁금합니다. 이 선의 정확한 영문 명칭은 'strikethrough'로 특정 문자나 문장 위에 가로로 된 이음선을 긋는 행위를 뜻합니다. 기존의 말을 취소하고 새로운 말로 대체한다는 사실을 나타낼 때 표시하는 선인데 어느 순간부터는 문서 편집 프로그램들에도 이 취소선이라는 단어가 정식 기능 이름으로 등장하더군요. 지금은 업무에서도 흔하게 사용되고 심지어 모바일 대화창에서 내가 보낸 메시지에 취소선을 표기할 수 있는 메신저들도 있으니 그 존재감이 작지 않다고 할 수 있을 겁니다.

취소선에 대한 역사적 흔적을 찾는 것이 쉬운 일은 아니지만 크게 두 가지 썰(?)이 있다고 전해집니다.

하나는 이미 기원전 문서들에서도 문자 위에 가로선으로 글자를 덮은 기록이 존재하는 만큼 지우고 싶지만 지울 만한 마땅한 도구가 없을 때 문자의 무효화를 의미할 목적으로 썼다는 추측이죠. 지금의 쓰임새와도 가장 유사하기에 솔깃한 주장이지만 아마도 이런 행위는 문자의 사용과 동시에 이뤄졌을 확률이 크기 때문에 그 기원이 훨씬 더 과거로 올라갈 거라는 예측이 지배적입니다.

다른 하나는 14세기경 지중해를 탐험하던 한 선박의 항해 일지로부터 취소선에 관한 새로운 의미가 더해졌다는 이야기입니다. 기본적인 쓰임은 기원전의 그것과 다르지 않지만 단순히 취소의 용도로만 사용했다기보다는 '원래 쓰려던 내용은 아니지만 취소한 내용 역시 중요한 기록적 의미를 가지고 있으므로 보전할 가치를 둔다'는 뜻으로 활용한 것이죠. 선박을 운항하려면 수정한 항로값을 계속 남겨둘 필요가 있었는데 그때부터 이런 표식이 대중화되기 시작했고, 아이러니하게도 '취소는 했지만 기억하기로 한다'는 묘한 뉘앙스가 새로 더해진 셈입니다.

백스페이스 키를 누르기 전에

책을 읽어오면서 이미 눈치채셨을 수도 있지만 사실 저는 글을 쓸 때 취소선보다 괄호를 훨씬 많이 애용합니다. 분명 제가 쓰는 글임에도 불구하고 괄호를 쳐서 귓속말하듯 얘기하면 더 솔직한 이야기를 전할 수 있을 뿐 아니라 글 안에 또 다른 재미 요소를 심을 수 있더라고요. 그래서 책을 낼 때마다 괄호 안에 들어갈 글자들을 어떤 디자인과 색상으로 표현해볼까 고민하는 것도 제겐 작지 않은 즐거움 중 하나입니다.

반면 그동안 취소선은 그다지 즐겨 사용하지 않았던 게 사실인데요, 이유는 간단합니다. 저는 취소선을 긋는 것이 일종의 찝찝함처럼 느껴졌거든요. 무엇보다 공식적인 문서나 출간된 도서에 취소선이 사용되는 경우가 거의 없다 보니 이를 연습하는 과정에서도 굳이 취소선을 활용하지 않았던 겁니다. 거기다 삭제하지 않은 채로 남겨둔 취소선은 새로 고쳐 쓴 글이나 업데이트한 콘텐츠에 온전히 집중하지 못하게 만드는 것 같아 퇴고할 때도 여간 신경 쓰이는 게 아니었죠.

그런데 우연한 기회로 알게 된 어느 작가님의 이야기를 듣다가 취소선에 대한 남다른 철학 하나를 엿볼 수 있었습니다.

> 취소선을 흉터처럼 여기는 사람도 있지만 저는 이정표라고 생각할 때가 더 많습니다. 작가라는 직업을 가지고 있지만 글을 쓸 때마다 한 번에 지름길을 찾는 경우는 거의

없거든요. 매번 빙빙 돌아 겨우 제가 하고 싶은 말에 다다르는데 저는 그 여정을 나름의 기억으로 잘 보관해두고 싶어요. 그래서 백스페이스 키를 눌러 우두두두 지우는 것보다 취소선을 활용하는 경우가 더 많죠.

같은 행위를 두고도 여러 갈래 해석이 나뉠 수 있다지만 저는 이 경험만큼 제가 가진 관념들이 순간이동한 적은 없었던 것 같아요. 평소 달의 한 면만 바라보며 그게 달의 전부일 거라 생각하는 우매함처럼 취소선이란 대상의 부정적인 부분에만 몰두했던 것은 아닐까 싶었거든요. 한편으로는 '나는 목적지에 다다른 기쁨에 취해서 그동안 어떻게 그 길을 걸어왔는지에 대한 경험은 모조리 지워버렸는지도 모르겠다'는 생각이 들기도 했고요.

과정의 딜레마

일을 해오면서 스스로 갖게 된 작은 가치관이자 단단한 다짐 같은 게 있다면 그건 바로 '쿨병'에서 벗어나자는 것이었습니다. 당연한 얘기지만 조직에 속하건 개인적인 비즈니스를 하건 간에 사람들은 언제나 자신의 결과물로 평가받게 됩니다. 그리고 그 결과가 남다르다면 이제 어떤 과정에서 그런 결과물이 탄생할 수 있었는지가 주목의 대상이 되죠. 누가 담당자인지를 시작으로 프로젝트의 규모와 비용, 투입된 인력과 리소스, 하물며 의사결정 과정과 조직문화에 이르기까지 모든 것에서 그 비결을 찾으려는 사람들로 북새통을 이루는 게 현실이거든요.

그런데 이때 크게 두 가지 유형의 딜레마와 마주하게 됩니다. 하나는 제가 '망각의 터널'이라 부르기도 하고 한편으론 '현실 왜곡장'이라 부르기도 하는 현상인데요, 프로젝트가 성공적으로 마무리된 나머지 그 안에 담긴 과오와 패착들도 모두 좋은 쪽으로 해석하거나 의미 부여하고 싶은 욕망이 바로 그것입니다. 터널 끝에 보이는 성과라는 그 빛을 너무도 강하게 쫓아온 바람에 터널 안에서 벌어진 수많은 일들은 대부분 잊히거나 보기 좋게 미화되어버리고 마는 거죠.

그리고 다른 하나가 바로 제가 앞서 언급한 쿨병과 관련된 딜레마입니다. 사실 기획의 결과물을 더 돋보이게 하려면, 특히 어느 한 사람이 모든 스포트라이트를 받고자 한다면 가장 효과적인(?) 방법은 기획의 과정이나 전략을 극단적으로 압축해버리는 것입니다. 즉 구구절절하고 애매모호한 사연이 담긴 뒷이야기를 풀어놓는 대신 특정한 하나의 법칙을 강조하거나 개인의 타고난 역량으로부터 그 근원을 찾는 거죠. 더군다나 이런 메시지들은 쉽고 간결하기 때문에 입소문을 타고 널리 널리 퍼져나가기 안성맞춤이고 결국 비슷한 성과를 목표로 하는 많은 사람들에게 잘못된 레퍼런스로 활용되는 경우가 많습니다. '다른 거 다 필요 없고 이것만 알아두세요', '이건 하늘이 두 쪽 나도 절대로 하시면 안 됩니다'처럼 성공과 실패를 하나로 귀결시킨 사례도 적지 않고 '모든 게 운이다', '우연의 결과였다' 같이 특정한 노력이나 계획마저 희미하게 만들어버리는 발언도 종종 목격되니 말입니다.

물론 이런 반응의 의도와 의미에 전혀 공감하지 못하는 것은 아닙니다. 돌이켜보면 저도 특정한 하나의 원칙을 내세워 제가 걸어온 길을 더 돋보이게 만들고 싶은 순간들이 있었고, 반대로 저를 도와준 많은 분들의 노고와 성원에 감사한 나머지 제가 기여한 정당한 노력까지도 목덜미 잡고 억지로 고개 숙이게 만든 적이 있으니까요.

하지만 그런 게 꼭 좋은 쪽으로만 해석되지는 않더라고요. 무엇보다 하나의 프로젝트가 끝난다고 해서 모든 게 끝나는 것이 아닌 만큼 그다음 과제를 준비할 때 스스로 확인할 수 있는 정확한 이정표가 필요했죠. 나의 여정을 모조리 지우거나 뭉뚱그려 왜곡하지 않는, 어제의 기록이지만 그 방향은 내일을 향해 있는 그런 이정표 말입니다.

한 사람의 메이킹 필름

당찬 포부가 있더라도 새로운 습관 하나를 붙인다는 건 말처럼 쉬운 일이 아닙니다. 취소선을 잘 활용해보겠다고 마음먹어도 그게 일상 속에 스며드는 데까지는 시간과 노력이 모두 필요한 법이니까요. 저 역시도 이 취소선을 사용하는 습관이 좀처럼 손에 익지 않아서 꽤나 애를 먹었습니다. 적당한 기간이 흐르자 작가님께서 해주신 말씀의 농도도 점점 옅어지고 있는 게 사실이었죠.

그러던 중 가까운 후배와 이야기를 나누는 과정 속에 정신이 퍼뜩 드는 순간과 마주했습니다. 커리어에 대한 고민 때문에 이직을 할지 말지 망설이는 후배가 어렵사리 용기를 내 속 이야기를 털어놓으러 온 자리였거든요. 한눈에 봐도 근심의 무게가 느껴지는 표정의 후배는 이런 말로 운을 뗐습니다.

> 사실 선배한테 고민을 말씀드리고 싶어서 어제 한 시간 가까이 메모장에 열심히 제 생각을 써봤어요. 그런데 쓰고 나서 다시 읽어보니 저도 제가 무슨 말을 하고 싶은 건지 정리가 잘 안되는 거예요. 그래서 애써 쓴 걸 다 지워버렸어요. 그냥 직접 뵙고 얼굴 보며 이야기하는 게 더 나을 것 같아서요.

아뿔싸. 그때서야 깨닫게 되더군요. 설사 정리되지 않은 문장들이라 해도 분명 본인이 하고 싶었던 이야기가 잔뜩 담겨 있었을 텐데 그걸 모두 날려버렸다니 안타까운 마음을 금할 수 없었습니다. 그리고 나서 곧장 이 취소선 이야기를 덧붙였죠. 사실 나도 늘 정제된 글과 생각을 보여주는 것을 선호하지만 이제는 적어도 나 자신에게만이라도 취소선 그어진 내용들을 솔직하게 보여주려고 노력한다고요. 그러자 고개를 몇 번 갸웃거리던 후배가 쭈뼛거리며 자신의 휴대전화 화면을 조심스럽게 내보였습니다. 거기엔 어제 한 시간이나 걸려 써 내려갔다는 고민의 흔적이 고스란히 담겨 있었죠. 삭제 버튼을 누르긴 했으나 다행히 휴지통 폴더에는 남아 있던 덕분에 무사히 복원할 수 있었던 겁니다.

그리고 놀랍게도 후배의 글은 본인의 걱정과 달리 정말 생생한 고민의 과정이 오롯하게 담겨 있는 하나의 작은 지도와 같았습니다. 중간중간 '이런 말까지 굳이?'라는 코멘트가 달려 있는 걸 보니 제게 말할지 말지 망설여지는 포인트들까지 따로 표기해놓았다는 걸 알겠더라고요. 스스로는 그 메모를 '횡설수설'이라 표현했지만 저에겐 후배를 이해할 수 있는 더없이 소중한 해설지가 되어주었습니다. 그래서 제게 보여준 그 글을 지우지 말고 취소선으로 표기하면 어떻겠냐고 제안했죠. 혹시 오늘 대화에서 뭔가 해결책을 찾게 된다면 그 아래 온전한 문장들로 새로 쓰면 되는 거니까요.

그러고는 후배와 함께 있는 자리에서 저도 모르게 나지막이 이런 혼잣말을 내뱉었습니다.

> 이건 영화로 치면 진짜 메이킹 필름 같은 거네. 이런 고민의 과정 없이 어떻게 답을 찾겠어. 앞으로는 취소선이 아니라 '과정선'이라고 불러야겠어, 정말.

굿느냐 마느냐

자칫 사그라들 뻔한 취소선의 중요성은 그렇게 다시 불씨를 살렸습니다. 덕분에 이후로 글을 쓸 때는 저 역시도 (아주 작은 오타나 실수를 제외하면) 적극적으로 취소선을 활용하고 있죠. 적절한 비유가 떠오르지 않을 때도, 꼭 맞는 에피소드가 발견되지 않을 때도 다시 백지를 만들어 0에서부터 시작하기보단 일단 취소선으로 남겨두는 방법을 택한 겁니다. 그리고 새로 쓴 문장들과 열심히 비교하며 다듬고 또 다듬기를 반복하죠. 그러다 보면 취소선을 잣대 삼아 제가 하고 싶은 이야기들을 좀 더 구체화해볼 수 있고, 간혹 취소선이 그어진 그 문장들 속에서 다시 살려보고픈 지점들을 발견할 때도 있습니다. 처음 쓸 때는 잘 풀리지 않던 실마리가 새로

쓰인 문장과 만나며 전에 없던 활로를 찾게 되는 거죠.

그러니 비단 글을 쓸 때뿐만 아니라 가끔은 우리의 삶 속에서도 이 취소선의 개념을 적용할 필요가 있다고 봅니다. 누군가에게 말을 건네든, 새로운 생각을 떠올리거나 정리하든, 내 나름대로 어떤 결정에 이르는 순간이든 간에 모든 행위에는 이 취소선이 없을 수 없거든요.

한 번쯤 모든 것을 훌훌 털고 새 종이에 새 이야기를 써 내려가야 할 때도 있지만 대부분의 시간은 긋고 지우고 고치기를 반복하며 우리의 결과물을 더 낫게 만들기 위한 외로운 싸움임이 분명합니다. 어쩌면 우리는 그 취소선들을 반성, 후회, 회고, 복기 등으로 여기며 그 속에서 새로운 대안, 도전, 목표, 결심을 발견하는 것인지도 모르죠. 그리고 이 과정이 나에게 생생한 메이킹 필름으로 남아 있다면 결과에 닿기 위한 과정을 오해하고 왜곡하는 딜레마에서도 벗어날 수 있을 겁니다. 과하게 힘주며 의미부여하거나 애써 쿨해지려 노력하지 않아도 우리가 그어온 그 취소선들이 우리 자체를 증명해주기 때문이죠. 이를 지렛대 삼아 다음 과제를 더 지혜롭게 풀어갈 수도 있고요.

지금 제가 쓰는 이 워드 파일 위에도 취소선 버튼이 있습니다. 그리고 저에겐 취소선이 적용된 버전의 글이 한 벌 더 존재하죠. 취소선이 담긴 버전을 공개하느냐 마느냐는 각자의 판단이겠지만 그보다 중요한 것은 언제든 필요할 때 과감히 취소선을 그을 준비가 되어 있느냐 아닐까 싶어요. 언젠가 이 글을 어떤 생각으로 썼는지 과거의 내가 궁금해지는 때가 온다면 이 취소선이야말로 그 흔적을 더듬을 수 있게 해주는 중요한 역사가 되어줄 테니까요. 상처나 흉터라는 생각 대신 나라는 사람을 여기까지 이끌어오는 데 필요했던 이정표라 여긴다면 우리가 했던 실수들 역시 조금은 더 사랑스러워질지 모릅니다.

+ 더하는 말

회사에서 프로젝트를 진행하다 보면 버전 1, 2, 3, 4…. 거기서도 1.1, 1.2… 등으로 여러 차례 디벨롭을 반복하게 됩니다. 그리고 어느 정도 시간이 지나면 사람들은 가장 최신의 버전을 가지고만 논의를 이어가게 되죠. 그런데 저는 간혹 잊을 만할 때쯤 그동안 우리가 어떤 과정을 거쳐 아이디어를 수정해왔는지 중간중간 공유하는 시간을 가지고자 합니다. 그럼 사람들은 "맞다. 처음에는 진짜 저런 모습을 상상했는데…", "저때는 긴가민가 싶었는데 지금 생각하면 이게 맞는 방식이었어"라며 마치 파노라마처럼 각자의 여정을 바라보기 시작하죠. 우리가 밟아온 단계들을 찬찬히 되짚으면서 그 과정 자체가 온전히 우리 것이 되도록 하는 데 작은 도움이라도 주고 싶은 저만의 방법인 겁니다.
그리고 저는 이런 시도도 일종의 취소선을 긋는 거라고
생각해요. 그 길을 택하지 않았다고 해서 그 과정이 모두
사라지는 것은 아니니까요. 어떤 형태로든 되새기고 공유하고
기억하는 습관을 마련해놓는 것은 마이너스보단 플러스로
작용할 때가 더 많습니다.

참, 한 가지 더 고백하자면 책에 담긴 이 '더하는 말' 역시
취소선에 해당하는 것이기도 합니다. 원고를 다듬는 과정에서
글의 맥락과 딱 맞아떨어진다고 생각되지 않는 이야기들은
잠시 한편으로 빼놨다가 이렇게 더하는 말에 활용하는 경우가
있거든요. 심지어 글의 도입부를 어떻게 잡아볼까 이리저리
고민하다가 그 후보에서 탈락된 아이들이 글의 가장 마지막에
배치되기도 합니다. 그러니 제게는 이 더하는 말이 한 편의 글
뒤에 담긴 메이킹 필름이자 과정선의 개념인지도 모르겠네요.

머릿속에 없는 건
현실에도 없다고
생각해보세요

살다 보면 문득 이런 생각이 들 때가 있습니다.

내가 가진 것 중에 정말 내 것이라고 부를 수 있는 건 얼마나 될까?

혹여 세상이 저를 향해 '그건 네 거야'라고 이름 붙여준 것이라 해도 따지고 들어가면 그저 개념으로만 존재하는 것들이 대다수일 테니 말이죠. (좀 과한 설정이지만) 만약 어느 날 갑자기 무슨 일이 생겨 우리가 이 세상에서 사라지게 된다면 은행 통장 속에 고이 모셔둔 우리 돈은 과연 내 돈이긴 한 적이 있는 걸까요? 나중을 기약하며 모아놓은 것들이 단 한순간도 내 손에 머문 적이 없다가 사라진다면 말입니다. 너무 극단적인 상황이라고 생각된다면 이런 상상은 어떨까요. 내가 먹으려고 사둔 빵이지만 친구가 너무 배고파 하길래 기꺼이 먹으라며 줬다고 해보죠. 그럼 그 빵의 소유권은 어떻게 이해해야 할까요? 내가 산 빵을 친구에게 준 것이니 친구는 내 빵을 먹은 걸까요, 아니면 내가 친구에게 준 그때부터 그 빵은 친구의 것이 되는 걸까요?

물론 여러분은 대체 왜 이런 시답지 않은 질문으로 글을 시작하는 걸까란 생각이 앞서겠지만 지금부터 제가 드리고자 하는 말을 잘 이해하기 위해서는 이 개념에 대한 각자의 판단을 내려보는 것이 중요합니다. 과연 우리는 세상에 존재하는 것들 중 무엇을 내 것이라고 인지하고 사는지 그리고 그것들 중 내가 직접 써보고 활용한 비율은 얼마나 되는지, 하물며 다른 사람들이 흘려놓은 것들을 주워 나름의 내 것으로 만들어본 경험이 단 한 번이라도 있는지. 어쩌면 이 모든 것에 대한 이야기일 수도 있으니 말이죠.

버리기 위한 시간

멀리서 찾을 것도 없이 우리 주위만 둘러봐도 대상과 이유를 불문한 채 뭔가를 수집해놓으려 애쓰는 사람들을 쉽게 발견할 수 있습니다. 그중엔 일단 카메라 렌즈부터 들이밀며 찍어놔야 안도감이

드는 사람도 있고, 저처럼 메모를 비롯한 기록의 형태를 선호하는 사람도 있으며, 어떤 콘텐츠든 스크랩 버튼 먼저 눌러 저장해야 하는 사람, 실물이 있는 거라면 아예 가져다 자기 옆에 두어야 직성이 풀리는 사람도 있죠. 저마다의 방식으로 작은 것 하나라도 놓치지 않겠다는 그 의지가 표출되는 순간들을 보고 있으면 자신의 삶을 대하는 애정 또한 함께 느낄 수 있어 작은 경이로움이 전해지기도 합니다.

하지만 이런 생각에 조금씩 물음표가 심어진 것은 정리의 여왕이라 불리는 곤도 마리에의 정리법을 알게 된 다음부터였습니다. "물건을 들일 땐 정해진 날이 없지만 버릴 땐 반드시 정해진 날이 있어야 한다"는 그녀의 한 문장이 저를 흔들어놓았기 때문이죠. 평소에도 물건을 많이 쌓아두고 사는 편은 아니지만 이 방법을 내가 흡수하는 무형의 인풋들에까지 적용해볼 수 있다면 집안 구석구석처럼 머릿속 구석구석도 잘 정리할 수 있겠다는 생각에 이른 것입니다.

일요일 저녁 9시. 저는 이 시간을 이른바 '버리는 시간'으로 정했습니다. 저 역시 기록과 수집이 중요한 일을 하고 있다 보니 일주일 정도만 지나도 제가 긁어모은 인풋의 양은 결코 적지 않거든요. 그중엔 잡초 속에서 발견한 네잎클로버 같은 기록들도 있지만 의외로 내가 무슨 생각으로 이걸 담아두었을까 싶은 낯선 대상들도 있습니다. 언젠간 읽겠지 하는 마음으로 저장해둔 각종 아티클이며 다 필요할 때가 있을 거야 하는 헛된 기대로 모아둔 자료들이 실로 어마어마하거든요. 곤도 마리에의 화법을 빌리자면 아까워서, 추억이 있어서, 언젠가 입을 것 같아서, 나중에 필요한 사람이 나타날 수도 있으니까 모아두는 쓸모없는 옷들에 해당하는 인풋인 셈입니다.

잠시 내 곁에 머물러 있을 뿐

우선 저는 사진이든 영상이든 텍스트든 그 유형을 가리지 않고 딱 세 가지 폴더로 분류하기 시작했습니다.

1. 반드시 저장해두고 꼭 기억해야 할 자료들
2. 아주 중요하다고 할 수는 없지만 조금 더 가지고 있어도 괜찮을 자료들
3. 굳이 더 이상 담아두거나 소장하지 않아도 될 자료들

아주 심플하죠? 이렇게 한 주간 쌓인 인풋들을 정리하며 알게 된 사실은 의외로 1번에 해당하는 것들이 극히 소수에 불과하다는 겁니다. 저는 1번 항목으로 분류할 자료들을 정할 때 나중에 어

디에, 어떤 식으로 활용할 수 있을까를 스스로에게 질문해보곤 하는데 생각보다 이 물음에 답하는 게 쉽지 않더라고요. 그래서 꼭 보관하고 싶은 인풋이라면 일단 어떻게 아웃풋으로 만들어볼 수 있을지부터 생각해보기 시작했습니다. 활용처를 먼저 고민하다 보면 이게 내게 왜 중요한 것인지 더 분명하게 짚고 넘어갈 수 있기 때문이죠.

반면 2번과 3번의 항목을 가를 때는 좀 더 냉정한 가름이 필요합니다. 앞서 설명한 것처럼 뭔가를 잘 정리하지 못하는 사람들은 '혹시나 나중에 도움이 될지도 모르니까…'라는 그 마음 하나 때문에 많은 것들을 2번 항목에 쌓아두는 경향이 있거든요. 하지만 이 폴더에 쌓이는 정보가 많으면 많을수록 인풋에 대한 정리는 훨씬 더 어려워집니다. (일종의 베란다 다용도실 같아진달까요….)

따라서 2번 폴더는 질보다는 양으로 관리하는 게 더 효과적일 수 있습니다. 예를 들어 내가 2번에 해당하는 자료는 늘 100개 수준으로만 관리하겠다고 마음먹으면 어쩔 수 없이 3번으로 이동시켜야 할 것들이 보이거든요. 그리고 이 총량을 관리하는 과정에서 나에게 진짜 필요하다고 생각하는 것들은 다시 1번으로 올려놓을 수도 있고, 과감히 버려야 할 것들에 대해선 적절히 잘 솎아내는 나만의 스킬을 발휘할 수도 있다고 봅니다.

제가 즐겨 쓰는 생산성 앱에서는 이 인풋을 정리하는 1, 2, 3번 폴더가 활발하게 움직이고 있는데요. 저는 이 세 가지 폴더를 합쳐 '스테이풋stay-put'이라는 이름으로 부르고 있습니다. 나에게 들어오긴 했지만input 그게 아직 어떤 결과물output로 활용될지는 모르는 단계니까 잠시 내 곁에 머무는 것들이라는 의미가 가장 잘 어울리겠더라고요. 인풋과 아웃풋이라는 이분법적인 사고에만 갇혀 있던 차에 그 사이 틈을 비집고 새로운 공간 하나가 마련된 순간이었죠.

하지만 제게 더 좋은 자극제로 작용한 부분은 따로 있었으니 바로 스테이풋이 늘어남에 따라 뭔가 묘한 동기 부여가 일어나기 시작했다는 것이었습니다. '이제 정리해야 할 때가 왔구나'라는 생각과 더불어 '이걸 활용해서 뭔가를 만들어내야 더 의미 있겠구나' 하는 생각으로까지 연결되었거든요. 마치 냉장고에 이것저것 재료들은 잔뜩 쌓여가는데 나는 그 안에 뭐가 들어 있는지 파악조차 제대로 못 하고 있고 그걸 가지고 요리를 해 먹지도 않는다면 냉장고의 기능은 유명무실한 게 되어버리는 거니까요. 나의 요릿감들이 잠시 잠깐 머물 수 있는 최적의 스테이풋 냉장고를 만드는 걸 목표로 삼은 거라고도 할 수 있겠네요.

옷장의 비밀

저는 그냥 모으는 것 자체가 좋은걸요…?
뭔가를 만들어내야 한다는 생각부터 하면 모으는 일도 부담이 될 것 같아요….
아니, 딱히 저장 공간이 부족한 세상도 아닌데 쌓아둔다고 해서 큰 문제라도 생기나요…?

맞습니다. 이런 말들에 제 논리를 무리하게 들이밀고 싶은 생각은 전혀 없습니다. 당장 저만 하더라도 필요한 자료가 없어 전전긍긍하고 있을 때 누군가가 뒤에서 "혹시 이거 찾으시는 거예요?"라며 십수 년 전 파일을 보여줄 때면 그래도 내가 나쁜 짓은 하고 살지 않았기에 하늘이 이런 귀인을 보내주시나 보다라는 생각이 들거든요. 그러니 수집하고 저장하는 그 행위 자체에 의미와 재미가 존재한다는 것을 몹시 잘 알고 있고 충분히 존중하는 바입니다.

그럼 여기서 다시 곤도 마리에의 주장을 빌려보겠습니다. 곤도 마리에는 수년 전 한 록 가수에게 집을 정리할 수 있게 도와달라는 의뢰를 받았다고 합니다. 엄청난 맥시멀리스트였던 그는 본인도 집 안에 옷과 액세서리가 넘쳐난다는 걸 잘 알고 있었지만 옷을 너무 좋아하는 나머지 매번 사 모으기만 할 뿐 버리는 것에는 도무지 익숙해지지 않아 그녀에게 SOS를 요청한 것이었죠. 그런 그에게 곤도 마리에는 먼저 옷과 액세서리가 많아서 좋은 이유가 무엇이냐고 묻습니다. 그러자 그는 1초의 망설임도 없이 "옷이 많으면 멋을 낼 수 있는 조합이 다양해지니까요!"라며 당당하게 대답하죠. 사실 이 말을 듣고는 저도 고개를 끄덕끄덕했습니다. 록 가수의 주장에 꽤 설득력이 있었거든요. 하지만 이어지는 곤도 마리에의 이야기를 듣자마자 역시 마음은 그녀의 관점 속으로 빨려 들어가기 시작했습니다.

> 그럼 그 조합은 어떤 방법으로 고르시나요? 혹시 옷장을 열고 눈으로 확인하고 나서야 '여기에는 이게 어울리겠군!'이라고 생각하지 않나요? 그리고 가끔은 '맞다. 이런 것도 있었지' 혹은 '내가 이런 걸 샀었나?'라는 생각을 할 때도 있으시죠? 좋은 조합을 위해 옷을 모은다고 해놓고선 본인조차 그 조합을 제대로 관리하지 못하고 있다면 앞뒤가 안 맞지 않나요? 당신이 가진 그 패션 센스를 100퍼센트 활용하려면 우선 당신의 머릿속에서 이미 그 조합들이 완성되어야 합니다. 내 머릿속에 떠오르지 않는 건 현실에도 없다고 생각하세요. 그게 정리의 기본이고 활용의 기본입니다.

그리고 이 말은 제게 마치 이렇게 들리는 것 같았죠.

'인풋이 많으면 좋은 기획을 할 수 있는 조합도 다양해집니다. 다만 한 번이라도 내 힘으로, 내 머릿속에서 정리해보지 않은 인풋이라면 멋진 아웃풋으로 변환될 가능성은 제로에 가깝습니다'라고 말입니다.

그러니 뭐가 맞다, 아니다를 판단하기 전에 순간을 포착하고 뭔가를 수집하는 그 찰나의 과정이 즐거운 것과 이를 잘 정리해서 활용 가능한 자원으로 바꿔놓는 것 사이의 개념 정도는 구분해야 할 것 같아요. 그럼 적어도 '나는 이렇게나 열심히 모으고 기록하는데 왜 매번 아이디어가 부족할까?'라거나 '담아두고 저장하는 건 너무 즐거운데 꺼내고 써먹는 건 항상 고역이다'라는 생각에서 조금은 자유로워질지도 모르니까요.

에센셜리스트를 꿈꾸며

이쯤에서 여러분께 다시 한번 질문을 드려보겠습니다. 내가 가진 것 중에 정말 내 것이라고 부를 수 있는 건 과연 무엇일까요? 아니 꼭 정답을 찾을 수는 없더라도 적어도 나에게 있어 '내 것'은 무엇인지에 대한 개인적인 정의 정도는 떠올려볼 수 있을까요?

어쩌면 저는 스테이풋 폴더를 정리하는 과정에서 작게나마 그

실마리를 마련한 것도 같습니다. 제게 있어 '내 것'이란 '나 스스로 버리지 않기로 결정한 것'이라는 생각이거든요. 문장이 조금 거창한지는 모르겠지만 풀어서 설명하면 다음과 같습니다. 내가 원해서 내 손에 쥔 것. 그리고 어떻게 활용할 수 있는지에 대해서도 한 번쯤은 고민해본 것. 무엇보다 그게 나에게 속해 있다는 사실을 스스로 인지하고 있고, 과감히 정리해야 하는 결단의 순간에도 매번 존재 이유를 확인할 수 있는 것. 그게 바로 온전한 내 것이 아닐까 싶은 겁니다.

일하는 사람들에게도 이른바 내 것은 참 다양한 의미로 해석됩니다. 표면적으로 보자면 역량이나 경험, 이력과 결과물들이 나를 증명해주는 내 것일 수도 있겠죠. 그보다 조금 더 넓은 의미로 접근하면 자기다움이나 오리지널리티, 이를 둘러싼 인성, 태도, 가치관, 습관 역시 모두 나라는 사람을 표현하는 데 필요한 내 것일지 모릅니다.

하지만 세상에는 가끔씩 일부러라도 꺼내서 확인하고 관리해야 하는 것들이 반드시 존재합니다. 그저 내 손을 거쳐가본 것이라서, 내 이름으로 소유해본 것이라서, 내 곁에 잠시 머물렀던 것이라서 내 것이라고 부르기에는 조금 아쉽고 민망한 것들이 있는 법이거든요. 대신 나와 일정 기간 함께하며 여러 가지 가능성을 고민해본 대상이라면 비로소 진짜 내 것으로 한 걸음 더 다가와주는 건 아닐까 싶습니다. 그것이야말로 우리에게 더 좋은 기획력과 생산력을 안겨주는 고마운 동반자들일 테고요.

마침 어제가 일요일이었던 덕분에 저는 또 한 주간의 인풋을 정리할 기회를 얻었습니다. 기획서에 활용할 수 있을 것 같아 하나둘 모아놓은 자료들 중 수개월째 써먹지 못하고 있는 것들은 과감하게 지워버렸고, 플레이리스트에 담긴 음악 중에서도 이유 없이 자주 스킵하게 되는 곡들은 다시금 솎아냈습니다. 과거에는 책을 모으는 데도 욕심을 냈지만 지금은 제가 읽었던 책을 누군가에게 선물하는 게 훨씬 기뻐서 적극적인 나눔을 실천하고 있죠. 더불어 이젠 읽는 도중에도 이 책이 누구에게 어울릴지를 함께 생각할 수 있게 되었고요.

주변 사람들은 이런 저를 미니멀리스트 같다고 생각하지만 저는 꼭 미니멀리스트의 삶을 살겠다고 지향한 적은 없어서 아주 와닿는 표현은 아니었습니다. 하지만 스스로에게 명칭을 부여할 수 있다면 저는 '에센셜리스트*essentialist*'의 삶을 살고 싶긴 한 것 같아요. 내 손으로, 온전히, 나에게 필요한, 내 것을 골라내는 그런 한 사람으로서의 삶 말입니다.

+ 더하는 말

20년 가까이 수많은 에세이를 편집해온 이연실 작가님은
《에세이 만드는 법》이라는 책에서 이런 말씀을 남겼습니다.

"에세이는 억지로 만들어지지 않는다. 한 사람이 살아온
대로 경험한 만큼 쓰이는 글이 에세이다. 삶이 불러주는
이야기를 기억 속에서 숙성시켰다가 작가의 손이
자연스레 받아쓰는 글이 에세이다."

이 문장을 읽을 때마다 저는 두 가지 사실을 반추해봅니다.
내 삶은 지금 나에게 어떤 이야기를 불러주고 있을까.
그리고 나는 그 이야기들을 어떤 방법과 과정으로 기억하며
숙성시키고 있을까.
아무리 좋은 삶이라도 촘촘하지 못한 기억의 그물을
가지고 있다면 내 이야기는 너무도 쉽게 나를 빠져나가버릴
테고, 뒤늦게 뭔가를 내보여야 하는 순간이 온다면 그제야
부자연스럽게 짜 맞추는 고행을 반복하게 될 테니까요. 모쪼록
스테이풋 상태에 있는 것들 중 온전한 내 것이 될 수 있는 건
무엇일지를 확인하는 것만이 우리 인생을 억지로 만들어가지
않는 방법일지도 모르겠습니다.

저는
사용자들의 표정이
보고 싶거든요

크게 외향적인 성격이 아닌 저는 어딜 가든 구석진 공간을 선호합니다. 카페나 식당, 하물며 도서관에 가더라도 어느 한편에 콕 하고 박혀 있을 때 더 심리적인 안정감을 느끼거든요. 하지만 이런 제가 누가 시키지 않아도 개방된 공간을 먼저 찾게 되는 경우가 있으니 그때가 바로 스시를 먹을 때입니다. 다른 건 몰라도 스시집에 가서만큼은 셰프님이 직접 스시를 내어주는 이른바 카운터석에 앉으려고 하는 편이거든요. 음식을 만드는 광경을 직접 보는 재미도 있고 한 점 한 점 내어주는 스시를 순서에 맞게 먹을 수 있다는 것도 장점이지만 이 자리를 더욱 선호하게 된 것은 다름 아닌 한 셰프님의 설명 덕분이었습니다.

스시를 만지는 사람들은 음식만큼이나 사람에게 집중해요. 똑같이 맛있게 드시더라도 조금 전의 반응과 지금의 반응이 어떻게 다른지를 잘 포착해야 하니까요. 손님간의 대화에 방해가 되어서도 안 되고 지나치게 관심을 두는 것 또한 불편하실 테니 재주껏 한 명 한 명의 반응을 읽어야 하는데 정말 쉽지 않은 일이죠. 이 직업이 어려운 이유기도 하고요. 왜 테이블로 된 자리보다 카운터석이 조금 더 비싼 경우가 있잖아요? 그게 꼭 음식을 더 많이 내드려서 그런 것은 아니에요. 오히려 일종의 '관심 비용'에 해당한다고 보는 게 적절합니다. 셰프가 고객들께 더 관심을 기울이도록 하고 더 섬세하게 케어할 수 있도록 하는 비용인 것이죠.

이 문장은 제가 토씨 하나 틀리지 않고 셰프님이 하신 말씀을 그대로 옮겨 적은 것입니다. 제게는 입안에 담긴 훌륭한 스시의 맛보다 더 크게 음미하고 싶은 말이었기에 잠시 양해를 구하고 그 자리에서 직접 휴대전화 메모장을 열어 고스란히 받아 적어놓았기 때문이죠.

숫자에 가려진 것들 사이로

간혹 기획자가 되고 싶다는 후배들로부터 기획에 필요한 자질이 무엇이냐는 질문을 받을 때가 있습니다. 딱히 자격이나 자질이 필요한 일이라고 생각해본 적이 없기에 여러모로 생각이 깊어지기 마련인데 그래도 한 가지 중요한 역량을 꼽으라면 저는 '타인의 반응을 섬세하게 살피는 습관'을 들고 싶어요. 셰프님이 말씀하신 것처럼 내가 선보이는 뭔가에 상대가 어떤 리액션을 취하는지, 나아가 내가 설득하고 이해시켜야 할 그 대상이 무엇에 반응하는 사람들인지 면밀히 파악할 수 있는 능력이 꼭 필요할 테니까요.

하지만 가만히 생각해보면 스시집의 셰프님처럼 타인을 아주 가까이에서 그것도 내가 제공하는 결과물을 어떻게 소비하는지 비교적 명확하게 관찰할 수 있는 직업이 그리 많지 않다는 걸 깨닫게 됩니다. 특히 요즘처럼 수많은 것들이 비대면으로 이뤄지는 세상에서는 오히려 사람과 마주할 수 있는 상황이 더 특수하게 여겨지기도 하니까요.

때문에 많은 사람들이 점점 더 데이터에 의존해갈 수밖에 없습니다. 기술은 제어하기 힘들 만큼 빨리 발전하고, 동시에 사람을 직접 만나 해결해야 하는 일들은 줄어들다 보니 데이터를 모으고 확인하는 수준을 넘어 전적으로 데이터에 기반한 판단을 내리는 사례가 급속도로 늘어나고 있는 거죠. 직관과 경험에 의존할 필요도 없고 의사결정의 근거도 명확하니 어쩌면 기획의 과정에서 데이터만큼이나 든든한 지원군이 없는 것도 사실입니다.

그러나 좋은 기획을 위해서는 분야를 막론하고 이 데이터라는 녀석을 제대로 다루는 것이 무엇보다 중요합니다. 단순히 데이터를 깊이 이해하고 적극 활용하라는 뜻이 아니라 적어도 의사결정을 도울 수 있는 지점에서 데이터가 어떤 기능과 역할을 할 수 있는지를 정확히 파악하라는 의미죠.

환경과학과 경제사상에 정통한 통계학자 바츨라프 스밀은 대표적인 데이터 구루로 통하는 인물입니다. 데이터를 기반으로 거시적인 미래 정보들을 파악하고 그 결과에 따라 국가와 기업 등이 직면한 주요한 의사결정에 방향을 제시해주는 역할을 하는 사람이거든요. 하지만 스밀 박사는 데이터를 대하는 가장 현명한 방법은 데이터의 한계를 명확히 인지하는 것이라고 이야기합니다. 세상에는 데이터만으로 설명할 수 없는 것들이 너무나도 많고 데이터 너머의 이면을 들여다봐야 하는 순간들 역시 넘쳐나는데, 사람들은 주관이 개입해야 하는 중요한 시점에도 마치 데이터가 전지전능한 답을 내줄 것이라 믿고 있다는 거죠.

두리번거릴 필요 없이 우리 스스로만 돌아봐도 뜨끔하는 부분이 분명히 있을 겁니다. 가치 판단을 내려야 하는 때인 줄 알면서도 그 책임을 떠안기가 무서워 단 1퍼센트라도 더 높은 수치를 쫓아본 경험이 아예 없지는 않을 테니까요. 심지어 복잡다단한 문제를 두고서도 일단 관련된 지표가 하나라도 확보되면 그 데이터를 확대해석하는 경향도 심심찮게 발견할 수 있습니다. 이쯤 되면 누가 객관적이고 누가 주관적인지를 가늠하기조차 어려워지기 마련이죠.

손끝이 아닌 눈끝

몇 해 전 여러 부서가 협업해 큰 마케팅 프로젝트를 진행해야 하는 업무가 있었습니다. 규모가 작지 않은 일인 만큼 다양한 아이디어가 논의되었는데 그중 오프라인 현장 이벤트를 진행하는 안건도 등장했습니다. 아이디어는 매력적이었지만 인력과 리소스가 많이 투입될 게 분명했고, 무엇보다 브랜딩에 초점을 맞춘 방식이다 보니 딱 봐도 그 효과를 숫자로 증명하는 게 쉽지 않아 보였죠. 그래서 저 역시 조금은 부정적인 쪽으로 생각이 굳어지고 있던 참이었습니다. 그런데 그때 TF 멤버로 참여한 한 분이 이런 말씀을 하시더군요.

> 다들 저희 사용자들이 실제로 어떤 표정을 지으며 좋아하실지 궁금하지 않으세요? 저는 현장에서 그걸 확인하

는 것만으로도 큰 도움이 될 것 같거든요. 지표나 설문만으로 확인할 수 없는 것들, 사용자들이 직접 우리에게 전달해주는 감정들 사이로 분명 더 좋은 아이디어가 발견될 텐데 숫자로 증명하지 못하니 안 된다는 건 너무 섣부른 판단 같아요. 저는 우리 사용자들의 표정이 보고 싶거든요.

드라마처럼 "그래! 그 말이 맞아요! 다들 한번 해봅시다!"라고 했어야 멋진 건데 안타깝게도 그런 일은 일어나지 않았습니다. 설득만으로 넘기엔 현실의 벽이 참 높았거든요. 하지만 그 멤버분의 말에 크게 동의한 몇몇 사람들은 수개월이 지난 다음 규모를 조금 줄여서 사용자의 보이스를 직접 들을 수 있는 초청 프로그램을 마련했습니다. 놀라웠던 건 "사용자의 표정이 보고 싶다"는 그때 그 문장을 모두가 또렷이 기억하고 있다는 점이었죠. IT 업계에서 일하며 누구보다 데이터를 중시하는 사람들이지만 데이터가 해결해 줄 수 없는 또다른 포인트도 존재한다는 걸 충분히 인지하고 있었던 겁니다.

제가 '타인의 반응을 섬세하게 확인하는 습관'을 중요한 역량으로 꼽는 이유도 바로 이 때문입니다. 기획 일을 하다 보면 어느 순간까지는 모두가 할 수 있는 일이지만 어떤 지점에 들어서면 그 사람만이 할 수 있는 일이 나타나는 법이거든요. 그리고 이건 개인의 기량 차이라기보다는 정말 누가 어떤 부분까지 들여다보았 느냐의 차이일 때가 훨씬 많습니다. 자신의 일을 진정으로 애정하는 사람, 자신이 만든 결과물을 사용하게 될 그 사람들을 사랑하는 사람. 이들이 갖고 있는 눈은 일반 대중의 눈과는 반드시 다른 지점이 있기 때문이죠. 그래서 저는 흔히 말하는 그 '한 끗'이라는 차별화 포인트가 손끝이 아닌 눈 끝에 달려 있다고 굳게 믿는 편입니다.

제가 그런 사람이었나요?

왜 가끔 이런 기분 느껴본 적 있지 않나요? 각종 매체에서 나에게 해당되는 집단을 소개할 때 OO세대, △△족이라고 표현하지만 정작 나는 그들이 설명하는 공통점이나 특징을 가지고 있지 않은 것 같다고 느껴질 때 말입니다. 실제로 미국의 한 대학에서 실시한 연구 결과에 따르면 어떤 대상을 범주로 구분하는 순간 그 범주에 해당하는 일부 사람들의 심리적 이탈도 함께 일어난다고 설명합니다. 누군가를 묶으려 할수록 누군가는 묶이지 않고 싶어 하는 이른바 카테고리의 역설이 드러나는 장면이죠.

놀랍게도 이 카테고리라는 말을 처음 사용한 사람은 고대 그리스의 철학자 아리스토텔레스입니다. 그의 대표작이라고 할 수 있는 《논리학》에서 '단어 하나에 대응하는 여러 가지 의미의 묶음'을 설명하기 위해 '카테고리아kategoria'라는 말을 사용했는데 이게 현재 우리가 사용하는 범주, 즉 카테고리란 말로 전파된 것이죠.

그러나 범주라는 말에는 우리가 놓친 큰 특징이 하나 있으니 그게 바로 여러 대상을 아우르는 추상성입니다. 다시 말해 아주 거대한 특징들 몇 가지를 바탕으로 구분하기 좋게 마련해둔 개념이 범주인데 가끔은 이 범주가 마치 특정한 데이터나 한 집단의 공통분모인 것처럼 착각하는 경우가 있다는 거죠. 특정 시기에 출생했다는 이유로 OO세대라는 타이틀을 붙여 구분하고, 그저 개인적인 선호를 이야기했을 뿐인데 "요즘 친구들은 그런 걸 좋아하나 봐?"라며 일갈하는 태도에 조금씩 지쳐가는 것 역시 어쩌면 이런 성급한 범주화(?)의 오류를 목격하기 때문인지도 모릅니다.

그래서 저는 (매번 그럴 수는 없더라도) 필요에 따라 특정한 한 대상을 면밀히 파고드는 노력이 필요하다고 생각합니다. 즉 어설픈 특징들을 조합해서 실체도 없는 가상의 범주를 만들기보다는 누군가로부터 많은 사랑을 받고 있는 한 사람의 캐릭터를 분석해 그 맥락을 이해해보는 게 훨씬 중요하다는 뜻이죠. 사실 대중은 거대한 화두나 담론보다 나의 마음을 움직인 누군가로부터 더 크게 영향을 받습니다. 그 사람을 좋아하는 나만의 이유가 형성되고 나아가 그 사람이 가진 특징들을 동경하게 되면 나 역시도 그런 사람이 되고 싶은 원초적인 욕망이 형성되기 때문이죠.

그러니 나 혹은 타인이 좋아하는 대상의 아주 작은 부분까지 관찰하며 그 사람이 왜 사랑받고 있는지 나름의 이유를 설정해보는 것이 좋습니다. 더불어 그 대상이 어떤 방식으로 자신의 캐릭터를 진화시켜 나가는지, 이다음에 등장하는 인물은 또 어떤 매력으로 사랑받게 될 것인지를 예측하다 보면 내가 만드는 기획물이 가져야 하는 페르소나도 조금씩 선명해지기 시작하죠. 내 손에 수많은 데이터와 근거 자료가 들려 있다고 해도 누군가의 마음을 움직이기 위해서는 마지막 혼을 불어넣어야 하는 작업이 남아 있는 셈입니다. 때문에 그 작업을 등한시하는 기획자에게는 사실상 진정으로 사랑받고 오랫동안 기억될 결과물을 만들 기회가 점점 줄어들 수밖에 없는 거죠.

나만이 건드릴 수 있는 영역

"그래서 결론이 뭔데요?", "이 긴 걸 다 보라고요?", "누가 한 줄 요약 좀"이라는 말이 어떤 면에서는 명쾌하고 정확하게 보일지도 모르겠습니다. "나는 뭐든 딱딱 맞아 떨어지는 걸 좋아하는 사람이야", "짧게 설명할 수 있는 걸 굳이 긴 콘텐츠로 만드는 건 시간 낭비야"라는 그 주장에 담긴 포인트도 일견 이해할 수 있습니다.

그러나 세상엔 나름의 이유를 가진 나름의 방식들이 존재합니다. 결론에 이르게 된 과정을 하나하나 들여다봐야 비로소 전체를 이해할 수 있는 일이 있고, 한 줄로 요약하기에는 함축된 의미 사이로 모래알처럼 빠져나가버리는 수많은 가능성을 내포한 말도 있는 법이거든요. 그리고 이러한 방식을 대할 때는 남들이 놓치기 쉬운 그 사소한 것 하나하나를 생생하게 받아들인 다음 나만의 방법으로 맛보고 기억하는 과정이 빛을 발합니다. 무엇보다 기획 단계에서 이런 노력은 아무나 쉽게 가질 수 없는 귀한 역량으로 전환될 가능성이 크죠.

그래도 선뜻 공감하기가 어렵다면 이런 가정을 해보면 어떨까요? 만약 제게 스시를 내주신 셰프님께서 제 표정이나 반응을 살피며 스시를 만든 게 아니라 '광어 다음 참치를 내놓으니 대부분의 고객들이 평균 3.5초 더 빨리 드시더라', '업계 통계를 살펴보면 밥의 무게는 14그램으로 통일했을 때 식사를 마치는 시점에 가장 이상적인 포만감을 느낄 수 있다더라' 같은 정보에 기반해 음식을 주셨다면 과연 우리는 이른바 좋은 대접을 받고 있다는 생각을 할 수 있을까요? 굳이 관심 비용을 써가면서 셰프님 바로 앞에 앉아야 할 필요성은 더더욱 희미해지지 않을까요?

물론 이런 정량적인 관점이 불특정 다수를 겨냥한 대량 생산 방식에는 더 적합할 수 있습니다. 그러나 앞으로의 시대가 초개인화와 극다양성의 세상이 될 거라는 점에 주목한다면 우리가 더 심혈을 기울여야 할 부분은 말 그대로 '정성'의 영역인지도 모릅니다. 데이터만으로는 완전한 그림을 완성할 수 없는 분야, 카테고리만으로는 모든 것을 포괄할 수 없는 부분에서 어떤 경쟁력을 갖출 수 있는지가 앞으로 인간이 더 발전시켜나가야 할 영역일 수도 있으니까요. 모쪼록 우리 각자의 현명함으로 목적과 상황에 맞는 역량을 발휘할 수 있었으면 하는 마음입니다. 그리고 그 역량을 높이는 첫 번째 발걸음은 타인의 표정 하나, 작은 반응 하나를 놓치지 않는 것에서부터 시작될 수 있다는 말도 함께 전해드리고 싶네요.

─────────────────────────────── + 더하는 말

데이터 분석을 기반으로 미국 프로야구 역사상 엄청난 역사를 일군 오클랜드 애슬레틱스 구단의 이야기는 우리가 잘 알고 있는 영화 〈머니볼〉로 재탄생했습니다. 그리고 〈머니볼〉의 주인공이자 실존 인물인 피터 브랜드는 오클랜드 구단의 선수 분석관으로 활약하며 구단 성과에 핵심적인 기여를 한 사람이기도 하죠. 하지만 피터가 2004년 시즌을 마치고 한 지역 매체와 가진 인터뷰 내용은 우리에게 여러모로 생각할 지점을 던져주고 있습니다.

"저는 일반인에 비해 야구를 잘 아는 편이죠. 경제 분야는 더 잘 알고, 통계로 치자면 전 세계 0.01퍼센트 안에 들 수도 있어요. 그런데 어디까지나 이건 세팅 작업이에요. 야구가 사랑스러운 이유는 이렇게 세팅된 환경에서 선수들이 써 내려가는 그 예측 불가한 역사들이 사랑스럽기 때문이거든요. 참 아이러니하지 않나요? 저는 아주 작은 확률에 근접하기 위해서 노력하고 있는데 정작 팬들은 불확실한 요소에 더 열광한다는 점이요. 그러니 사람은 자신이 지금 어떤 일을 하고 있는지를 명확히 구분할 줄 알아야 해요. 그걸 혼동하는 순간 모든 것이 무너지니까요."

다시
계단을
내려갑시다

건축 용어 중에 비계飛階라는 말이 있습니다. 영어로는 'scaffold'라고도 하는데 공사를 할 때 외벽이나 높은 곳에서도 수월하게 작업을 진행할 수 있도록 설치하는 임시 가설물을 뜻하죠. 흔히 건축 중인 건물의 겉면을 둘러싸고 있는 커다란 파이프나 나무 목재 등이 이 비계에 해당하는데 당연히 건물이 일정한 틀을 갖추고 나면 비계는 모두 제거하기 마련입니다. 자신의 역할을 온전히, 성실히 수행했으니까요.

어디까지나 비유이긴 하지만 기획 일을 하는 과정에서도 이 비계라는 것이 존재합니다. 결국 기획이란 것도 우리가 만들고자 하는 형태에 가깝게 다가가기 위해 구조를 설계하고 그에 맞는 요소들을 하나씩 차근차근 쌓아 올리는 작업이기 때문이죠. 그래서 제품이든 서비스든 브랜드든 간에 이를 기획하는 사람들은 사용자나 소비자를 만나기 전까지 이 비계를 열심히 오르내리며 기획물을 다듬는 일에 열과 성을 다합니다. 더불어 누군가가 비계를 잘 설치해놓으면 정말 많은 사람들이 수월하게 또 효과적으로 일에 몰두할 수 있죠.

그러나 아주 가끔은 비계를 처리하는 데 미흡한 사람들을 보게 되는 순간도 있습니다. 다시 한번 비유해보자면 건물이 완공되었음에도 비계를 제대로 거두지 않거나 아니면 기획한 자신들에게 익숙해졌다는 이유로 비계 자체를 건축물에 녹여버리는 경우도 있거든요. 전자가 어디까지를 보여주고 어디까지를 거둬낼지 제대로 파악하지 못하는 거라면 후자는 만드는 사람과 사용할 사람의 입장을 근본적으로 혼동하는 것이라 할 수 있습니다.

솔직히 말하면 둘 다 용납하기 어렵지만 그중에서도 저는 후자가 더 무책임하게 느껴지더라고요. 설사 본인에게 익숙해진 방식이 사용자들에게도 일정 부분 도움이 된다 치더라도 그건 확인과 검증을 통해 기획에 반영할지 말지 판단해야 하는 문제이지 개인의 직감에 의존해서는 안 되는 것이니까요.

과거 함께 일했던 동료 중에 "쓰다 보면 괜찮아질 거예요"라는 말을 반복하는 분이 있었습니다. 물론 이 말이 효과를 발휘하는 경우도 없진 않죠. 저도 기획을 하다 보면 지금 당장은 어색해 보이더라도 조금만 익숙해지면 소비자나 사용자도 이게 맞다는 걸 알게 되겠구나 하는 확신이 들 때가 있거든요. 그럼 자연스레 왜 그런 결정을 하게 되었는지 상세히 설명하고 납득시키는 데 공을 들이게 됩니다. 여러 사람들을 혼란에 빠뜨리지 않도록 새로 바뀐 길을 친절하게 안내해주는 거죠.

하지만 그 동료는 이런 노력은 고사하고 자신에게만 익숙하고 편해진 비계를 기획물에 억지로 끼워 맞추는 유형에 가까웠습니다. 이제 건물이 다 지어져서 계단도 제 형태를 갖추고, 심지어 엘리베이터와 에스컬레이터까지 작동하는 중인데 본인 혼자만 여전히 외벽에 설치된 비계를 이용해 아슬아슬 층계를 오르내리는 사람 같았달까요. 때문에 많은 동료들과 충돌을 일으키는 일이 다반사였고 그럴수록 본인의 고집은 더욱 깊이 뿌리 내렸습니다. 문제를 해결하고, 더 멋진 결과물을 만들기 위해 모인 사람들 사이로 외딴섬과 같은 자신만의 왕국을 건설하는 사람들은 그렇게 탄생하기 마련이죠.

납득과 설득

기획에 관한 이야기들을 주욱 이어오고 있지만 아마도 기획만큼

무수히 많은 표현으로 정의될 수 있는 직무도 드물 겁니다. 당장 저만 하더라도 그때의 상황과 경중에 따라 '아, 기획이란 이런 것일 수도 있겠구나'라는 생각을 할 때가 정말 많거든요. 그런 측면에서 기획에 대한 정의 하나를 덧대어보자면 저는 '내가 납득한 것으로 상대를 설득하는 일'이라고도 생각합니다.

특히 이 과정은 일방향이라기보다는 양방향에서 이뤄지는 경우가 더 많은데요, 최상의 결과를 고민하는 단계에서 알게 된 갖가지 장점들로 상대를 설득하기도 하지만 반대로 상대를 설득하기 위해 근거를 찾는 도중 스스로 더 명확한 논리를 발견할 때도 있기 때문입니다.

그리고 여기서 중요한 고민 한 가지가 늘 우리의 걸음을 멈춰 세우곤 하는데 그게 바로 어디까지 상대의 말을 들어주고 또 어디부터 내 이야기를 펼쳐놓을 것인가를 결정해야 하는 순간입니다. 맘 같아서야 우리 고객들이 바라는 것을 다 들어주고 싶지만 그건 현실적으로도 한계가 있을뿐더러 그렇게 한다고 해서 이상적인 결과에 도달하는 것은 아니기 때문이죠. 내가 쓰고 싶은 것, 내가 열광할 수 있는 것을 만드는 게 답이라는 이유로 사용자들의 목소리를 듣는 데 소극적인 자세를 취한다면 이 역시도 답은 불 보듯 뻔할 겁니다. 한두 번이면 몰라도 내가 옳다고 생각하는 게 늘 소비자의 마음을 움직일 수는 없으니까 말이죠.

우리는 이미 계단을 다 올라왔고, 사용자는 아직 한 칸도
올라오지 못한 상태라면 어떻게 해야 할까요?

제가 회의실에서 이 말을 꺼낸 날은 유독 모두의 의견이 첨예하게 대립하던 날이었습니다. 각자가 맞다고 생각하는 논리가 수십 개쯤 되었고, 이미 기획이 어느 정도 진행된 상태에서 비계를 걷어낼지 말지에 대해서도 서로의 관점은 엇갈리고 있었죠. 그때 든 생각이 딱 저 질문과 같았습니다. 우리는 각자의 방식으로 어떻게든 계단을 다 올라왔지만 진짜 중요한 건 사용자들이 그 계단을 오르도록 하는 일이고, 계단을 오르게 함에 있어서도 어떻게 해야 일관된 목소리로 그들을 납득시킬 수 있을지가 관건이었기 때문입니다.

<mark>다시 계단을 내려가서 직접 데리고 올라와야 합니다.</mark> 위에서 아무리 소리쳐봐야 계단 아래 있는 사람에게는 들리지 않을 거예요. 계단 위에 뭐가 있을지도 예상하지 못할 거고요. 그러니 우리가 직접 내려가서 한 계단 한 계단 같이 올라와야 합니다. 대신 한 칸씩 발을 내디딜 때마다 우리가 하고 싶은 이야기를 하나씩 풀어놓는 거죠.

잘 내려가서 잘 올라오는 일

스스로 납득하는 것에는 많은 에너지를 쓰지만 상대를 설득하는 것에는 인색한 사람들이 있습니다. (이 둘을 정확히 뒤집어) 상대를 설득할 때는 누구보다 적극적이지만 본인의 기준과 논리를 마련할 때는 여러 가지 허점을 보이는 사람들도 있죠. 이미 답을 예상하셨겠지만 두 가지 경우 모두 한쪽 나사가 헐거워진, 불안한 상태임은 분명합니다.

물론 이건 대부분의 사람들이 가지고 있는 일반적인 속성에서 비롯된 것이기도 합니다. 사람은 누구나 한 번 올라온 이상 그 길을 다시 내려가고 싶어 하지 않거든요. 그래서 타인을 설득할 때도 대다수는 "네가 나처럼 이 계단 끝까지 올라와본다면 내 생각이 맞다는 걸 알게 될 거야"라는 식의 주장을 이어갈 뿐 선뜻 나서서 설득의 대상이 있는 곳까지 내려가지 못하는 거겠죠.

만에 하나 어찌저찌 계단 아래까지 내려갔다고 해도 상대가 계단을 오르게끔 결심하도록 하는 일 역시 만만치 않은 게 사실입니다. 혼자서 올라가기에도 쉽지 않은 계단을 누군가를 이끌고 올라가야 한다면 매 걸음 그 이유와 당위성을 증명해야 하기 때문이죠. 따라서 계단을 내려가기로 마음먹었다면 그들이 조금이라도 덜 힘들게, 조금이라도 덜 외롭게 한 계단씩 오를 수 있도록 매력적인 이야기를 많이 준비해가야 한다는 결론에 이르게 됩니다.

> 맨눈

그러기 위해서 가장 첫 번째로 해야 할 일은 '맨눈'을 장착하는 것입니다. 만약 여러분이 뭔가를 기획했고 그 기획물에 좋은 확신까지 가지고 있다면 이미 여러분에겐 여러 겹의 콩깍지가 씌었을 확률이 매우 높습니다. (다른 말로 '뽕에 찼다'라고도 하죠.) 이런 콩깍지가 기획을 성공시키는 데 있어 큰 자신감으로 활용되는 것도 부정할 수 없는 사실이지만 이걸 소비자에게 설득시키기 위해서는 이제 모든 콩깍지를 내려놓는 결단도 필요합니다. 정말 말 그대로 아무런 사전 정보가 없는, 세상에 우리 기획물이 존재하지 않는 그 단계까지 내려가서 사용자들의 시각으로 바라보는 게 너무나도 중요한 거죠. 그래야만 함께 계단을 올라갈 그 여정을 명확하고 매력적으로 설계할 수 있으니까요. 만약 콩깍지를 벗겨내는 게 너무 힘들다면 맨눈을 가진 사람들의 의견에 의도적으로 빙의해보는 것도 방법입니다. 한 번이라도 먼저 경험한 사람은 한 번도 경험해보지 못한 사람의 마음을 완벽히 이해하기 어려운 만큼 늘 이 부분을 염두에 두고 그들의 심정에 공감하려는 노력을 해야 하는 것이죠.

> 보따리

맨눈으로 보는 데 익숙해졌다면 그다음은 '가져갈 이야기'를 정할 차례입니다. 계단 맨 위 칸에서 가장 아래 칸까지 다시 내려가기로 마음먹었다고 해도 우리가 스스로 납득한 그 모든 근거와 논리를 다 들고 내려갈 수는 없거든요. 즉 그건 사용자들이 직접 계단을 올라와 마주해야 하는 경험일 뿐 계단을 오르는 여정에서 풀어놓을 이야기는 아니라는 얘깁니다.

따라서 납득의 주머니에서 설득의 이야기를 잘 가려내는 것이 이 과정의 핵심입니다. 그래야 말을 하는 여러분도 그 말을 듣는 상대방도 서로 지치지 않는 여정을 설계할 수 있으니까요. 우리가 흔히 쓰는 '이야기보따리'라는 말을 떠올리면 더 실감 나실 겁니다. 생각해보면 이야기보따리란 그 사람이 가진 모든 이야기를 말하는 건 아닐 거예요. 각자가 가진 이야기 중에서 보자기에 담을 수 있을 만큼의 이야기를 추려내 꾸린 뭉치에 더 가깝거든요. 그러니 아무리 하고 싶은 말이 많더라도 우선 이 이야기보따리부터 잘 만들어서 계단을 내려가는 것이 매력적인 기획물을 더 매력적으로 전달하는 방법이기도 합니다.

> 반 발짝

누군가와 함께 걸을 때는 속도와 보폭 또한 결코 무시할 수 없습니다. 그럼에도 불구하고 설득의 과정에서 가장 쉽게 간과하게 되는 것이 바로 이 지점이기도 하죠. 어렵사리 계단 아래까지 내려왔고 이야기보따리도 잘 꾸렸지만 우리가 설득해야 할 대상이 따라오기 힘들 만큼 빠른 속도와 큰 보폭으로 계단을 오른다면 지금껏 해온 노력이 모두 헛수고가 될 게 불 보듯 뻔하니까요.

예전에 미술관에서 도슨트를 진행하는 분의 이야기를 듣다가 '반 발짝'의 미학에 대해 알게 된 적이 있습니다. 미술관이나 박물관에서처럼 전문가가 일반인과 함께 걸으며 뭔가를 설명해야 할 때는 말하는 사람이 듣는 사람의 시선 방향으로 반 발짝 정도만 앞서 있는 게 좋다는 거였죠. 그럼 듣는 사람은 자신이 어디로 따라가야 하는지 직관적으로 알 수 있으면서도 상대와 너무 동떨어져 있다는 느낌은 받지 않게 된다는 겁니다. 동시에 그림이나 작품을 봐야 하는 순간 시선을 확보하는 데도 매우 적합하다는 설명이었죠.

그리고 저는 이게 설득의 관점에도 동일하게 작동한다고 생각해요. 내가 먼저 좋은 걸 발견하거나 남들이 모르는 걸 깨달았을 때는 조금이라도 더 빨리 소개하고픈 마음이 공통된 심리거든요. 그런데 아무런 준비가 되지 않은 사람에겐 그 대상이 얼마나 매력적인지보다 그곳에 다다르는 과정이 얼마나 순조로운지가 더 크게 다가오기도 합니다. 내 의지로 오르는 계단도 쉽지 않은 법인데 누군가의 설득으로 올라가야 하는 계단이라면 한 계단 한 계단을 오르는 그 순간들 역시 기획물을 체험하는 여정에 오롯이 포함되기 때문이죠.

이타심이라는 역량

조금 뜬금없는 질문이지만 꼭 필요한 질문 한 가지를 해보겠습니다. 여러분은 기획 분야에 타고난 천재가 있다고 생각하시나요? 질문을 듣자마자 샤샤샥하고 머릿속을 스치는 누군가가 있을 수도 있고, 비록 가까운 사람은 아닐지언정 인류 역사에 엄청난 획을 그은 굵직굵직한 인물들이 떠오를 수도 있을 겁니다. 사실 저도 비슷한 생각이긴 합니다. 어떤 분야건 간에 타고난 재능을 가진 사람이 있고 그걸 자신만의 역량으로 끌어올려 쉽게 범접할 수 없는 경지에 이른 존재들이 있으니까요. '천재는 없다'고 쉽게 단언하는 게 더 솔직하지 못한 것일 수도 있습니다.

그럼 이런 질문은 어떠신가요? 만약 지금 앞으로 여러분이 살 집을 지어야 하는 순간과 마주한다면 여러분은 타고난 천재 건축가에게 집을 맡기실 것 같은가요, 아니면 사람에 대한 배려심이 깊은 건축가에게 집을 맡기실 것 같은가요? 이 질문에 "당연히 천재 건축가죠!"라고 답할 사람은 그리 많지 않을 겁니다. 집 안에 고이 모셔둘 예술 작품이 아니고서야 천재성이라는 역량이 1순위로 꼽힐 만한 분야는 흔하지 않으니까요. 특히나 쓰임이 많은 대상이라면, 집처럼 나와 오랫동안 시간을 보내야 하는 존재라면 더더욱 사람을 잘 이해하고 깊은 배려심을 가진 사람이 만든 것을 선호할지 모릅니다. 그들이라면 내가 납득할 만한 설득을 해줄 거라는 믿음이 있고, 동시에 내가 설득하는 것 역시 납득해줄 거란 기대가 있기 때문이죠.

그리고 제 경험상 이타적인 사람들이 '우와!'라는 감탄사를 자아낼 만큼 더 놀라운 결과를 보여줄 때가 많았습니다. 타고난 재능이 있으면서도 계단을 내려가기를 거부하는 사람들은 늘 정체기를 맞을 수밖에 없더라고요. 대신 성실히 계단을 오르내리면서 맨눈으로 세상을 바라보고, 자신만의 이야기보따리를 열심히 꾸리고, 고객들의 반 발짝 앞에서 그 스토리를 풀어놓는 사람들은 언제나 더 나은 것들을 만들어냈거든요. 그래서 저는 갖은 이유를 대며 계단을 내려가려 하지 않는 사람이나 어떤 변명을 붙들고서라도 기획의 비계를 걷어내지 않는 사람을 보면 어쩌면 저들은 스스로를 설득하는 데서부터 실패한 건 아닐까라는 생각을 하기도 합니다. 한 발짝도 움직여보지 않은 사람이 어떻게 타인을 이끌 수 있으며, 자신에게 편한 방식만을 고수하는 사람이 어떻게 상대방을 이해할 수 있을까요. 그건 틀린 답을 가지고서 문제 자체를 고쳐보겠다며 덤비는 것과 다를 바 없을 겁니다.

그러니 어떤 측면에서 이타적인 태도란 착한 태도가 아닌 똑똑한 태도인지도 모릅니다. 특히 일을 하는 데 있어 이타적이란 건 더더욱 그렇죠. 세상엔 개인의 직감에만 의존할 수 있는 일이 매우 드물고, 나만 만족했으면 됐다고 할 일은 아예 없다고 봐도 무방할 테니까요. 상대를 이해하기 위해 또 설득하기 위해 큰 에너지를 쓰는 사람들이 이 세상을 조금 더 나아지게 만들고 있는 것은 아닌가도 싶네요.

+ 더하는 말

인공지능 역사에서 아주 중요한 존재로 여겨지는 대상 중 하나가 IBM에서 개발한 딥 블루Deep Blue라는 프로그램입니다. 이 모델의 시작은 무려 1980년대로까지 거슬러 올라가는데 그 당시 인공지능을 시험하고 개발하기 위해 사용된 대표적인 도구가 다름 아닌 체스였죠. 정해진 규칙 안에서 수많은 변수와 조합을 예측하고, 인간의 의도와 패턴을 학습하는 데 있어서도 더없이 최적화된 시스템이었기 때문입니다.

그러던 어느 날 딥 블루 프로그램 개발에 참여한 프로그래머 머리 캠벨은 당시 존재하던 슈퍼컴퓨터에게 한 가지 질문을 던집니다. 점점 고도화되는 능력 때문에 체스를 시작하기 무섭게 자신을 이겨버리는 프로그램이 너무 얄미웠던 거죠. 그래서 그는 '어떻게 하면 너와 조금 더 길게 체스를 둘 수 있을까?'라는 질문을 입력했는데, 이때 슈퍼컴퓨터가 답한 내용이 상상을 초월할 정도로 심오하고도 철학적이었습니다.

"그럼 먼저 지는 사람이 이기는 걸로 하면 어때요? 당신이 딥 블루를 이기려고 할 때 생각할 수 있는 경우의 수보다 지려고 할 때 생각할 수 있는 조합을 예측하는 게 훨씬 어렵거든요."

그렇게 슈퍼컴퓨터가 내놓은 새로운 규칙으로 체스를 두자 캠벨과 딥 블루는 좀 더 길게 체스 게임을 이어갈 수 있었습니다. 하지만 결국 승리는 또 딥 블루의 차지였죠. 그리고 이때 딥 블루가 화면에 띄운 승리 멘트에서 우리는 다시 한번 중요한 메시지를 발견할 수 있습니다.

"당신이 내 킹을 쓰러뜨리게 만들었으니, 내가 이겼습니다."

이 일화를 알게 된 이후로 저는 누군가를 설득해야 하는 순간마다 이런 생각을 가지게 되었습니다. '내가 맞다는 그 찰나의 자만감을 가지는 것도, 아무런 소신도 없이 그저 타인에게 공감해주는 것도 올바른 설득은 아니구나. 대신 상대방이 내가 중요하다고 생각하는 곳까지 스스로의 힘으로 오게 할 수 있다면, 그래서 내가 느꼈던 쾌감을 똑같이 느낄 수 있게 해줄 수 있다면 결국 그게 내가 승리하는 게임이 아닐까'라고 말입니다.

Part 3. 나를 나답게 해주는 말들

감정이란 것도
빨아 써야
하더라고요

함께 일하는 동료든 혹은 주변 사람들로부터든 듣는 순간 가슴이 철렁 주저앉는 단어가 있습니다. 바로 '번아웃'이라는 말입니다. 물론 이 단어가 과거에 비해 훨씬 대중화된 것도 맞고 어떤 사람들은 성급히 스스로에게 진단을 내리고 있다는 느낌을 주는 것도 사실이지만 누군가 "저 요즘 번아웃인 거 같아요"라고 하면 결코 그냥 흘려들을 수 없더라고요.

무엇이 저들을 작은 불씨조차 붙지 않을 만큼 하얗게 불태워놨을까, 왜 저들은 답답하다, 지겹다, 힘들다, 벗어나고 싶다는 말 대신 자기 소모의 최종 단계에 해당하는 말로 본인의 상태를 표현하는 걸까라는 생각이 들 때면 가슴 한구석이 괜히 시큰거려 오기도 합니다. 저도 일에 대한 애착이 크다면 큰 사람이지만 이렇게까지

하면서 일을 해야 하는 건가라는 근원적인 물음을 던지게 하는 단어가 바로 번아웃이기 때문이죠.

제가 정신건강 전문의는 아니니 섣불리 예단할 수는 없지만 번아웃을 겪는 지인들의 이야기를 듣다 보면 육체적인 에너지의 소모만큼이나 정신적 에너지의 소모가 번아웃의 주된 요인이 될 때가 많더군요. 그리고 그건 특정한 사건으로 인해 촉발되었다기보다는 그동안 살아오면서 쌓인 피로감과 스트레스의 무게를 이기지 못한 나머지 마음 한구석의 둑이 빵 하고 터져버린 모양새였죠. 예전엔 '나는 그래도 아직까지 번아웃 같은 건 겪어보지 않았으니까'라며 안일하게 생각했던 것도 사실인데 지금은 '어쩌면 나도 모르는 사이 내 둑에도 조금씩 번아웃의 징조들이 쌓이고 있는 것은 아닐까'라며 자신을 돌아보게 될 때가 있습니다. 축적의 힘이라는 게 반드시 좋은 쪽으로만 작용하는 것은 아니니까요.

감정 수건을 챙기는 삶

지금 타이밍에 이런 얘기를 하는 게 조금 이상하긴 하지만 저만의 작은 신년 루틴을 하나 공개해보고자 합니다. 저는 매해 1월 초가 되면 그동안 사용했던 수건들을 모두 정리하고 새로운 수건을 구입해 교체합니다. 평소 좋은 수건을 골라 잘 관리하는 데도 관심이 많은 편이지만 한번 루틴으로 정하고 나니 새해가 될 때마다 상쾌한 출발을 할 수 있다는 사실에 기분까지 좋아지더라고요. 작년 한 해 동안 깨끗했다 더러워지기를 반복했던 수건 친구들과 작별을 고할 때면 지난 1년간의 우여곡절이 작게나마 정리되는 듯한 느낌마저 들고요. 그래서 이제는 누군가에게 수건을 선물 받더라도 바로 꺼내 사용하지 않고 새해가 될 때까지 기다렸다가 개봉하는 경우도 있습니다.

그런데 혹시 여러분 중에 집에 수건을 수백 장, 수천 장씩 쌓아두고 사용하시는 분 있으신가요? 아니면 물티슈처럼 한 번 사용한 수건은 곧장 쓰레기통에 넣고 매번 새 수건을 꺼내서 사용하는 분은요? 사람 사는 모습이 제각각이라 단정은 못 하겠지만 아마도 이런 분은 한 명도 없을 겁니다. 대부분 많아야 수십 장의 수건을 가지고 계실 테고 늘 세탁하고 건조하고 다시 사용하기를 반복하며 내 몸을 관리하듯 수건을 대할 가능성이 클 테니 말입니다.

제가 이렇게 수건 이야기를 늘어놓는 이유는 어느 날 문득 스치듯 찾아온 한 가지 생각에서 출발합니다. 바로 우리 각자의 감정 사용법에 대한 이야기죠.

저는 평소 심리학에 흥미가 많아 관련 책들을 자주 찾아보는 편입니다. 그렇다 보니 심리학 안에서도 여러 갈래로 주제를 뻗치며 읽어나가고 있고, 때로는 책을 보는 과정에서 일에 관한 작은 힌트들을 얻기도 하죠. 하지만 읽으면 읽을수록 단순히 교양의 차원에 머물 만한 내용들은 아니라는 생각이 깊어지기 시작했습니다. 한 연구에서 소개된 마이클이란 친구의 사례를 보다 보면 '오? 나도 비슷한 감정을 느낀 경우가 있었는데…' 싶고, 자신과 상담하러 온 환자에 대해 설명하는 박사님의 얘기를 듣다 보면 '이거 나도 상담이 필요한 거 아닌가' 싶은 생각도 하게 되기 때문이죠. 그래서 어느 순간부터는 내 마음을 보호하고 내 감정을 다스린다는 차원에서 심리학과 관련된 책들을 더 주의 깊게 보려고 노력하고 있습니다.

그러다 한때는 사람들에게 위로를 전할 목적으로 쓰인 에세이들에 집중했던 시기도 있었습니다. 전문가가 쓴 내용도 좋지만 비슷한 일상을 사는 사람들이 다른 사람들에게 전하는 메시지는 어떤 것일까가 궁금해졌거든요. 특히 거기엔 감정 사용법을 다루는 내용들이 자주 등장했는데 대부분 주장하는 내용이 동일하더군요. 내 감정을 제대로 챙기기 위해서는 나쁜 감정을 최대한 빨리 잊고 얼른 좋은 감정을 생성하라는 조언이 다수를 이뤘기 때문입니다.

물론 저도 처음엔 그 공식을 따르려고 노력해봤습니다. 그런데 따라 하면 할수록 오히려 더 지치는 느낌을 지울 수 없더라고요. 때로는 안 좋은 감정을 최대한 빨리 지워야 한다는 생각이 강박처럼 따라다닐 때도 있었고 좋은 감정으로 빠르게 회복하지 못할 때면 스스로 매우 나약해지는 느낌마저 들었습니다. 제가 방법을 잘못 이해한 것인지, 아니면 운이 나쁘게도 그 법칙이 들어맞지 않는 예외의 영역에 제가 존재하는 것인지는 모르겠지만 일단 제 타입의 해결책은 아니었던 거죠.

그러던 중 문득 든 생각 하나는 바로 우리 감정도 수건처럼 사용해야 한다는 것이었습니다. 앞서 말씀드린 것처럼 우리 중 누구도 수건을 수백 장, 수천 장 쌓아두고 일회용처럼 사용할 수는 없습니다. 호텔처럼 그날 사용한 수건을 다른 사람이 대신 세탁해서 내 욕실에 차곡차곡 개어주는 것도 일상에서 허락되는 상황은 아니죠.

그리고 이건 우리가 감정을 대하는 방법에서도 동일하게 적용됩니다. 즉 감정도 수건처럼 빨아 써야 한다는 의미죠.

제가 왜 그 에세이들에서 알려준 방법에 쉽게 공감할 수 없었을까 곰곰이 생각해보니 우선 전제가 잘못되었을 수도 있겠다 싶더라고요. 나쁜 감정을 좋은 감정으로 빠르게 바꿔야 한다는 사실은 저도 잘 알지만 감정이라는 게 물티슈처럼 필요할 때마다 새로 휙 뽑아서 쓸 수 있는 것은 아니니까요. 어떻게든 소모된 감정을 다시 잘 세탁하고 건조해서 뽀송뽀송한 상태로 돌려놓는 작업이 필요한 거였습니다.

감정 취급 주의

감정을 수건에 비유하고 나니 곧이어 이외의 모습들이 눈에 띄더군요. 바로 감정 수건을 잘못 사용하고 있는 사람들이 감지되기 시작한 겁니다.

가장 대표적인 사례는 그저 수건의 냄새를 지우는 데만 급급한 사람들이었습니다. 이렇게 한번 생각해보면 이해하기 쉬울 것 같은데요, 여러분은 만약 누군가가 더러워진 수건을 곧바로 세탁하지 않고 계속 탈취제만 뿌려가며 사용한다면 어떤 생각이 들 것 같나요? 당연히 불결하다는 느낌에 미간이 찌푸려질 테고 저런다고 수건이 깨끗해지겠냐며 그 어리석음에 실망할 게 분명합니다.

하지만 우리 주변에는 감정 수건을 그렇게 사용하는 사람들이 의외로 많습니다. 분명 본인의 감정은 나날이 소모되어 바닥을 보이고 있는데도 그때의 기분만 전환하면 다시 괜찮아질 거라고 착각하는 사람들이 있거든요. 물론 삶에 있어서 좋은 기분을 갖게 만드는 장치들을 마련하는 것은 아주 중요한 일이지만 근본적인 해결 없이 내 감정을 다른 감정으로 덮어버리려는 건 수건에서 악취만 나지 않으면 괜찮다고 생각하는 것과 크게 다르지 않습니다. 오염된 감정 수건은 빨리 세탁하는 게 가장 현명한 방법인 거죠.

두 번째는 하나의 감정 수건을 여러 용도로 사용하는 사람들입니다. (이번에도 불쾌한 얘기를 꺼내야 함을 용서해주세요.) **상황과 목적에 따라 여러 개의 수건이 필요하다는 사실은 기본적인 위생 수칙에 해당합니다.** 우리가 발을 닦은 수건으로 손을 닦거나 주방을 청소하지 않는 것처럼 감정 수건 역시 때와 용도에 맞게 사용하는 게 무엇보다 중요한 거죠.

《감정의 발견》이란 책을 쓴 심리학자 마크 브래킷은 모든 문제를 하나의 감정으로 해결하려는 시도가 상황을 더욱 악화시킨다고 설명합니다. 예를 들어 평소 긍정적인 마음을 갖는 것은 매우 중요한 태도이지만 문제의 원인을 파악하지 않고 아무 데나 긍정주의를 끼워 넣는 것은 우리의 감정을 더욱 병들게 한다는 것이죠. 때문에 내 감정과 기분을 있는 그대로 받아들이고 그 상태를 어떻게 다루는 게 나를 위한 것인지 고민하는 습관을 길러야 한다고 조언합니다. 한 장의 감정 수건으로 모든 상황을 닦아보려는 시도 자체가 자칫 위험할 수도 있다는 얘기죠.

하지만 저는 마지막 세 번째가 가장 경계해야 할 지점이라고 생각합니다. 바로 다른 사람의 감정 수건을 함부로 사용하려고 달려드는 사람들이죠. 별로 상상하고 싶지 않은 가정이지만 누군가 여러분이 깨끗하게 빨아서 잘 말려놓은 수건을 자기 멋대로 가져다가 본인이 엎지른 얼룩을 닦는 데만 쓴다면 우리는 어떤 기분을 느끼게 될까요? 괘씸한 것은 둘째치고 내가 왜 수건을 잘 세탁하고 관리해야 하는지 그 이유 자체를 의심하게 될지도 모릅니다. 더 속상한 건 그들은 자기 수건으로 자기 감정을 수습해보려는 시도조차 하지 않은 채 어떻게든 남의 수건을 먼저 찾으러 온다는 사실이죠. 그런 의미에서 저는 가장 불행한 인생 중 하나가 바로 다른 사람의 감정 수건을 대신 빨아주며 사는 삶이라고 생각합니다.

물론 여기엔 반론이 있을 수도 있습니다. 사람 사는 관계 속에서는 당연히 누군가의 감정을 보듬어줘야 할 때도 있고 또 나 역시 다른 사람의 감정 수건을 사용하게 될 때가 있지 않겠냐고요. 너무도 맞는 말입니다. 하지만 그 말엔 내 감정 수건의 여분이 남아 있을 때란 조건이 붙습니다. 내 감정을 추스르기도 벅찬 상황에서 다른 사람에게 감정 수건을 계속 빌려주다가는 결국 나를 챙길 여력도, 기회도 사라지고 마는 법이거든요. 그러니 어떻게든 수십 장 남짓 되는 그 감정 수건들을 잘 관리하며 내 마음의 여유분을 확보해놓는 것이 나를 극한으로 몰아넣지 않는 방법일지도 모릅니다.

0이 되지 않게

수년 전 에픽하이의 타블로가 한 잡지와의 인터뷰에서 이런 말을 한 적이 있습니다.

전 국민이 알다시피 저는 벼랑 끝까지 몰려본 사람이에요. 그때 제 에너지 레벨을 수치화해본다면 정확히 0이었어요. 근데 0이란 게 바닥이라는 뜻이 아니라 그냥 끝을 의미한다는 사실을 뒤늦게 깨달았죠. 다시 채울 수 있는 단계가 아니라 그냥 게임 오버 단계인 거예요. 그러니 어떻게든 0이 되기 전에 무슨 수를 내야 해요. 아니면 정말 큰일 날 수도 있어요.

주위에서 번아웃에 대한 고민을 털어놓는 사람들에게 저는 이 말을 꼭 전해주곤 합니다. 우리의 에너지가 0이 되기 전에 반드시 무슨 조치를 취해야 한다고 말이죠. 그리고 그 시작은 감정 수건을 잘 챙기는 것이라는 얘기도 잊지 않고 덧붙입니다. 우리 주위엔 늘 수건이 있기 때문에 그 소중함을 잘 느끼지 못하고 살지만 어느 순간 우리 집에 있는 수건이 모두 사라진다고 생각하면 당황스러움을 넘어 황당함과 마주하게 될지도 모르거든요. 샤워는커녕 손을 씻는 일마저 큰 불편으로 다가올 테니까요.

이런 말들이 어떻게 해야 번아웃에서 빠져나올 수 있고, 또 예방할 수 있는지에 대한 답이 될 수 없다는 건 저도 잘 알고 있습니다. 하지만 마음의 둑이 무너지기 전에, 우리의 에너지가 0이 되기 전에 해볼 수 있는 게 있다면 아무리 작은 것이라도 곧장 실천하는 게 맞지 않을까 싶어요. 그런 의미에서 저는 여러분의 손 닿는 곳에 새하얗고 뽀송뽀송한 감정 수건 여러 장이 잘 개어져 있기를 바라는 마음입니다. 그리고 그 수건들이야말로 여러분의 일상을 지켜줄 아주 소중한 존재라는 사실을 잊지 않으셨으면 좋겠네요.

+ 더하는 말

인본주의 심리학자의 대부인 칼 로저스는 이른바 감정 신호등이라는 개념을 주창했습니다. 마치 오늘날 미세먼지 농도처럼 좋음, 보통, 나쁨 세 가지 단계로 자기 기분을 파악하고 이를 매일 일기 쓰듯 오전-오후-저녁 시간으로 나누어 기록해보라는 것이었죠. 그리고 만약 한 달 동안의 합계에서 나쁨의 빈도가 큰 비중을 차지한다면 어떤 방식으로든 자기 감정을 회복시킬 대안을 마련해야 한다고 말합니다.

이 말을 듣고 깨달은 두 가지는 '세계적인 심리학자가 제안하는 감정 관리 방법 역시 아주 기초적이고 간단한 것이구나'라는 것과 '기분이 좋은 순간이 특별한 게 아니라 나쁜 순간이 특이점이구나'라는 사실이었습니다.

그러니 매일의 날씨를 체크하듯 매일의 기분을 확인하며 사는 것이야말로 번아웃에서 멀어지는 가장 근본적인 방법은 아닐까 싶어요. 그리고 내 마음에 구름이 드리운다면 그 사실을 민감하게 받아들일 수 있는 센서를 장착하는 게 우리를 0의 단계까지 소모하지 않게 하는 올바른 자세일 거란 생각도 해봅니다.

그러니
조리법이
다양해질 수밖에

책을 몇 권 내다 보니 가끔 제게 글쓰기와 관련해 고민을 토로하시는 분들이 있습니다. 물론 저라고 늘 맘먹은 대로 글이 술술 써지는 게 아니기에 언제나 답변은 그저 개인적으로 즐겨 사용하는 글쓰기 루틴에 관한 것들로 채워질 때가 많은데요, 그럼에도 불구하고 작은 도움이라도 얻고 돌아가는 분들께는 오히려 제가 더 감사한 마음을 느끼게 되죠. 아무리 시대가 빠르게 변하고 있다고 해도 글을 잘 쓰고 싶다는 욕심을 가진 사람들이 적지 않구나 하는 생각도 다시 한번 확인하게 되고요.

그중에서도 여러 사람들에게 유독 자주 발견되는 고민 중 하나는 바로 글의 소재, '글감'에 관한 것이었습니다. 저는 보통 주말 시간을 빌려 일주일에 A4 2~3장 분량의 글 한 편 정도는 꼬박꼬

박 써내는 것을 목표로 하고 있습니다. (여기서 중요한 건 '쓴다'가 아니라 '써낸다'입니다….)

그마저도 크게 많은 양이라고 생각해본 적은 없는데 글쓰기에 익숙하지 않은 사람들에겐 이게 아주 신기한 행위처럼 보이나 봅니다. 그래서 처음엔 "어떻게 매주 글 한 편씩을 쓰세요?"라고 묻다가 곧이어 "근데 매주 쓰는데도 계속 쓸 말이 있나요?"라는 질문으로 바뀌곤 하죠. 어떤 방법이든 간에 써내는 건 개인 역량이나 의지의 문제라고 쳐도 글감을 고르고 다루는 일은 노력만으로는 해결되지 않는 부분이기도 하니까요. 궁금증이 돋아나는 그 포인트를 저도 이해하지 못하는 것은 아닙니다.

하지만 가만히 생각해보면 저는 그런 측면에서 조금 불리하다고 보는 게 더 맞을지도 모르겠어요. 사실 전 매번 새로운 자극을 찾아 이리저리 종횡무진하는 타입도 아니고, 이 사람 저 사람 거리낌 없이 만나 다양한 이야기를 나누는 타입은 더더욱 아니거든요. 그렇다 보니 저를 잘 아는 분들 역시 "너는 딱히 자극적인(?) 인생을 사는 것도 아닌 것 같은데 매번 글로 풀어낼 이야기가 있다는 게 놀랍다"라고 말할 때가 많습니다.

이쯤 되니 저도 의문이 생기긴 하더라고요. 제가 쓰는 글이지만 '글로 써봐야겠다'라고 생각하게 되는 그 출발점은 어디에서 기원하는지, 무엇이 나로 하여금 뭐라도 써내게 하는 힘으로 작용하는지 새삼 저 스스로를 제대로 분석해보고 싶어진 겁니다.

어종과 조리법의 상관관계

예전에 한 음식 다큐멘터리를 보다 우연히 알게 된 내용입니다. 우리나라 사람들의 음식 문화 중에는 독특한 인식이 하나 있는데 그게 바로 '어종'에 관한 것이라고 하더군요. 사실 아주 추운 북유럽이나 미국 대륙 한가운데 위치한 사람들은 태어나서 죽을 때까지 평생 맛보는 생선의 종류가 평균 여덟 종이 안 되는 경우가 흔하다고 합니다. 바다와 멀리 떨어진 내륙 지방에서는 유통 경로상 다양한 어종을 만날 수 없고, 기온이 드라마틱하게 달라지지 않는 단일 기후 지역이라면 바다와 가까이 있다고 해도 잡히는 어종의 가짓수가 많지 않다는 게 그 이유라고 하죠.

그런데 우리나라나 일본은 전 세계에서도 어종에 관해서는 천혜의 자연환경을 가진 지역으로 꼽힌다더라고요. 주변에 큰 바다가 많을 뿐 아니라 난류와 한류가 만나는 지점 역시 다양하고, 기후 또한 사시사철 스펙터클하게 달라지다 보니 다양한 어류 자원이 내 집 드나들듯 우리나라 앞바다로 모여들게 되는 거죠. 그래서 같은 자리에서 낚시를 해도 계절별, 시간별로 다 다른 고기가 올라온다는 말이 강태공들의 허풍만은 아닌 셈입니다.

그리고 이런 사실은 음식을 소비하는 문화로도 이어지게 됩니다. 앞서 설명한 대로 우리나라나 일본은 손쉽게 여러 어종을 맛볼 수 있는 환경이라 생선 조리법이 그다지 다양하게 발달하지 못했다고 하거든요. 그도 그럴 것이 회로 먹고, 구워 먹고, 매운탕으로만 끓여 먹어도 갖가지 생선의 맛을 천차만별로 즐길 수 있으니 굳이 무리해서 조리법을 늘릴 필요가 없었던 겁니다. 일본 역시 날생선이나 구운 생선을 밥과 곁들이는 정도의 조리 방식이 대다수인 걸 보면 충분히 일리 있는 말이죠.

대신 생선이 귀한 지방에서는 역으로 조리법이 아주 다양하게 발달하게 됩니다. 1년 내내 수급되는 생선이 기껏해야 연어, 농어, 대구 정도인 지역들에서는 어떻게 해야 이 비슷비슷한 맛의 생선을 색다른 요리로 승화시킬 수 있을지 연구에 연구를 거듭해야 했던 거죠. 덕분에 손질법과 저장법은 물론이고 조리 방식과 곁들임 요리, 심지어 향신료의 조합에 따라서도 모두 다른 맛의 요리로 탈바꿈하여 제공되는 경우가 많다고 합니다. 저만 하더라도 가끔 해외여행을 가서 생선 요리를 먹어보면 고급 스테이크 못지않게 맛있다고 느낄 때가 많았는데 이제야 그 이유를 조금 알 것도 같았어요. 한국에서 먹을 땐 생선 본연의 맛 그대로를 받아들이는 데 집중했다면 다양한 조리법이 발달한 지역에서는 '이게 연어라고? 심지어 이건 대구로 만든 거고?'라는 예상치 못한 향연과 마주하는 즐거움을 맛보는 거죠.

평범한 것들이여, 맛있어져라

뭔가를 생산해내는 일을 하는 사람들을 만나면 늘 공통의 고민거리가 있습니다. 유튜브 채널 PD로 일하는 분은 영상으로 만들 소재가 매번 부족하다고 하고, 인스타그램 마케터로 일하는 친구는 피드에 올릴 이미지 소스가 턱없이 모자란다고 말하거든요. 웹소설 작가 지망생인 지인은 본인이 생각한 시나리오는 이미 대부분 작품으로 나와 있다고 했고, 브랜드 에이전시를 운영하는 한 대표님은 최근 팝업스토어를 오픈하는 과제를 맡았는데 공간에 채워 넣을 제품이 얼마 되지 않아 10평 남짓한 곳도 광활한 사막처럼 느껴진다고 했습니다. 기획 일을 하는 사람들이라면 누구나 '우리 앞바다에는 어쩜 이렇게 늘 비슷비슷한 물고기만 오가는 걸까…' 라는 고민을 숙명처럼 안고 있는 거죠.

당연히 저라고 뾰족한 수가 있는 건 아닙니다. 회사 일을 할 때든 개인적인 글을 쓸 때든 제게 주어진 목표를 실행함에 있어 첫 번째로 드는 생각 역시 '뭘 다뤄야 할까?'이니까요. 하지만 꽤 오래 이 분야의 일을 하다 보니 점점 이런 마인드가 조금씩 고개를 내밀곤 하더군요. '그래, 매번 새로운 소재가 넘쳐난다면 나한테 요청하러 오지도 않았겠지. 날것으로 먹어도 맛있고, 간단히만 조리해 먹어도 충분할 테니까. 내 손에까지 흘러들어왔다는 건 흔한 것도 흔하지 않게 만들어달라는 고도의 주문을 하기 위해서인지도 몰라'라고 말입니다.

때문에 저는 소재를 대할 때 크게 두 가지 마음가짐으로 마주합니다.

하나는 아주 작고 사소한 것이라도 그게 발전의 가능성이 있는 소재라는 희망을 가지고 바라보는 거죠. 그럼 남들이 찾지 못하는 디테일한 부분에까지 주목하게 되고, 매일 똑같이 반복되는 일상 속에서도 나름의 의미를 찾으려 노력하게 됩니다. 그리고 그렇게 발견한 것들은 타인을 조금이라도 더 오래 붙들어놓는 힘을 발휘하게 되는데요, 마치 우리가 소설 속 세밀한 묘사나 영화에 등장하는 공감 어린 대사를 만날 때처럼 대부분의 사람들이 그냥 지나치고 있었던 것들에 새로운 맛과 향을 입힐 수 있기 때문입니다.

다른 하나는 유행하는 이슈들에 조금은 초연해질 수 있다는 거죠. 트렌드에 날을 세워도 모자랄 기획자가 초연함을 논하는 게 웃길 수도 있지만 저는 오히려 그 방향이 나다운 이야기를 할 수 있는 더 적합한 조건이라고 생각합니다. 이 글을 읽고 계신 분들도 느끼겠지만 온라인상에 존재하는 수많은 콘텐츠들 중에는 그 시점에 주목받는 주제를 일단 선점하고 보자는 식으로 생성된 것들이 많습니다. 한편으론 그게 트렌드를 쫓는 사람에겐 당연한 일이고 또 일반 대중의 수요를 생각한다면 더 합리적인 접근이라고 여겨지겠지만 이런 방식으로 소재를 찾다 보면 더 빠르고, 더 자극적이고, 더 큰 이슈에만 몰두하게 되죠.

그러나 나 아닌 다른 사람들도 그 이슈를 똑같이 다루고 있는 데다 그저 시의성에만 의존해 뭔가를 만들어내려고 하다 보면 나만의 조리법을 개발하는 데는 점점 노력을 기울이지 않게 될 확률이 큽니다. 요리사로 치자면 요리법을 공부하고 기술을 연마하는 대신 매일매일 더 다양하고 신선한 재료가 잡히기만을 목 놓아 기다리는 것과 다름없죠.

영원히 끝나지 않을 사랑 노래처럼

책을 시작하는 글에서도 말씀드렸듯이 저는 서사를 참 좋아합니다. 어쩌면 이 분야의 일을 계속하고 있는 이유 중 하나도 세상에 멋진 것을 선보이고 싶다는 거창한 포부가 아니라 좋은 이야기들을 발굴해서 의미 있게 전달해보고 싶다는 마음이 더 커서인지도 모르겠습니다.

더불어 조리법을 다양하게 발전시키려는 그 노력 또한 한편으로는 서사를 발견하고 만들어내는 힘을 기르기 위한 습관 중 하나일 거란 생각을 해봅니다. 기억을 더듬어보니 여행 중 생선 요리를 맛보던 그때 요리사분이 저를 위해 열심히 설명해주던 장면이 떠오르더라고요. 본인이 왜 이런 방식으로 요리했고, 무엇을 표현하려고 했으며, 어떻게 먹어줬으면 좋겠다는 지점을 하나하나 친절히 알려준 이유도 그 재료에 담긴 자신만의 서사를 이해시키기 위한 과정이었다고 생각하니 제게는 더 특별한 요리처럼 다가왔죠.

> 그러네. 무슨 뜻인지 이해될 것 같아. 왜 그런 말도 있잖아. 세상이 멸망하는 그날까지도 사랑 노래는 계속 나올 거라고. 돌아보면 주위에 사랑만큼 흔한 것도 없을 텐데 한 사람 한 사람에게는 그게 세상의 전부이기도 하니까. 새로울 게 없는 것으로 늘 새로운 걸 만들어내야 하는 게 우리 각자에게 주어진 몫이지.

　소재 고갈로 고민하던 친구에게 제가 가진 생각을 보여주자 이런 대답이 돌아왔습니다. 잔소리처럼 느끼면 어떡하나 걱정한 것이 무색하게 연신 고맙다는 인사를 하는 친구를 보고 있으니 제가 다 미안한 마음이었죠.
　친구의 말처럼 사랑에 관한 노래는 인류가 처음 언어와 노래를 시작한 때부터 우리 모두가 눈을 감는 그날까지 멈추지 않고 이어질 게 분명합니다. 그중 어떤 노래는 한 사람의 인생을 계속 따라다닐 정도로 큰 영향을 주는 곡이 되기도 하죠. 가사 한 구절 한 구절이 내 상황과 오버랩되기도 하고 들으면 들을수록 전에는 들리지 않던 새로운 것들이 우리 안으로 파고들 때도 있기 때문입니다. 그리고 아마도 그 순간이야말로 흔한 것이 흔하지 않은 것으로 바뀌어 나만의 서사로 자리 잡는 순간일 테고요.

한 가지 비하인드 스토리를 말씀드리자면 지금 이 글에 담긴 이야기들도 사실 모두 제 노트 속에 담겨 있는 여러 기록의 조합이었다는 겁니다. 다큐멘터리에서 생선 요리법에 관한 이야기를 들었을 때도, 소재에 대한 압박을 토로하던 동료들의 탄식에 이입했을 때도, 사랑 노래로 멋진 비유를 해낸 친구의 답변을 받았을 때도 이게 글 한 편의 소재가 될 거라는 생각은 전혀 하지 못했거든요.

더 의미 있는 건 '평범한 것들 속에서 특별한 걸 뽑아낼 수 있는 게 능력이다'라는 지극히 평범한 한 줄 문장을 저 나름의 스토리로 엮어냈다는 사실일 겁니다. 살면서 수없이 들었을 이 철학을 저만의 레시피로 조리해낸 과정에서 제가 가진 생각들이 나름의 맛을 발휘하지 않았을까 하는 기대도 해보게 되고요. 물론 제가 전해드린 이야기가 여러분께 어느 정도 공감을 이끌어냈을지는 모르겠지만 이 역시 하나의 요리법으로 간주될 수 있다면 개인적으로는 참 뿌듯할 것 같아요. 동시에 '그래. 나도 일단 내 주위에 있는 것들부터 다시 한번 들여다봐야지'라는 생각이 드신다면 더더욱 기쁠 테고요.

예전에는 '쥐어짜낸다'는 그 말이 참 가혹하게 들렸습니다.
더 이상 나올 것이 없는 사람들을 몰아세워서 뭐라도
만들어내라고 윽박지르는 것처럼 느껴졌거든요. (뭐… 실제로
그러기도 했고요.) 그런데 요즘 저 말을 들을 때면 이런
생각을 하기도 해요. '내가 제대로 쥐기는 해봤을까? 그저
붙들고 짜내는 데만 열중할 게 아니라 쥐는 방법부터 짜내는
방법에 이르기까지 아주 작은 변화라도 줄 수 있다면 그땐
어떤 모습들이 펼쳐질까?'라고 말이죠.

이런 생각이 자리하니 세상 사람들이 꼭 봐야 한다, 꼭 해야
한다고 외치는 것들에도 너무 호들갑 떨진 않게 되더라고요.
나는 내 눈으로 보고, 내 목소리로 이야기할 수 있는 나만의
이야기가 있을 거라는 일말의 자신감을 안고 사는 게 한결
마음 편하기도 하고, 무엇보다 이슈를 쫓아가는데 급급한
나머지 무리수를 두는 일도 적어졌으니까요. 그러니 적어도
저에게 쥐어짜기란, 평범한 것들에 더 깊은 애정을 가져보고
새로울 것이 없는 것들에 새로운 것을 더해보는 과정은
아닐까도 싶네요.

우리 서로
'프라이언트'가
되어볼까?

―――――――――――――――

앞선 내용에 이어 글과 관련한 이야기를 하나 더 해볼까 합니다. 여러분은 글을 잘 쓰고 싶다는 생각이 언제 제일 강하게 드시나요? 우선 다른 사람이 쓴 엄청난 명문을 봤을 때 나도 저런 글을 한번 써보고 싶다고 큰 자극을 받을 수도 있죠. 아니면 내 안에서 하고 싶은 말이 넘쳐날 때 이 꿈틀대는 이야기들을 멋진 글로 풀어내고 싶다는 원초적인 욕망이 넘실거릴지도 모릅니다. 글을 좋아하는 저로서도 이런 순간들을 포함해 정말 여러 가지 이유로 글을 잘 쓰고 싶다는 생각을 할 때가 많은데요, 요 근래 몇 년 사이 거기에 중요한 이유 하나가 더 추가되었습니다.

바로 계약금이 입금되었을 때입니다. (보고 계신가요, 편집자님…?) 그저 실없는 농담으로 하는 소리가 아니라 정말 새로운 책

한 권을 계약한 다음 출판사로부터 계약금이 입금되고 나면 글을 잘 쓰고 싶다는 마음이 한여름 소나기처럼 쏟아지곤 합니다. 물론 보수를 받게 된다는 기쁨이 큰 것도 사실이지만 여기엔 훨씬 더 중요한 이유가 있습니다.

이제 계약을 했으니 어떻게든 책이 나와야 하고, 그 책을 돈 주고 사보는 분들께는 적어도 실망감을 안겨드리지 않아야 한다는 생각이 크고, 이왕이면 누군가의 고민을 덜어줄 수 있거나 세상에 작은 도움이라도 되는 글이었으면 하는 구체적인 욕심이 발현되기 때문이죠. 그러니 단순히 외부로부터의 좋은 자극이나 내 안의 무언가를 표현하고 싶다는 수준을 넘어 정말 제대로 된 글을 쓰고 싶은 생각이 드는 것인지도 모릅니다.

대충 쓴 글에는 주인이 없다.

20세기 초중반 일본 문단에 큰 영향을 끼친 작가 우메자키 하루오가 남긴 말입니다. 패전 이후 들이닥친 일본의 암울한 시련을 진솔하고도 인간미 있게 담아냈다고 평가받는 그는 이른바 '퇴고의 왕'으로 불리기도 했는데요, 그저 영감에만 기댄 채 펜 닿는 대로 글을 쓰는 것은 작가의 도리가 아니라는 의미에서 이런 말을 남긴 것이라고 하죠.

하지만 저는 저 말의 순서를 이렇게 뒤바꿔 사용하기도 합니다. '주인 없는 글은 대충 쓰게 된다.' 사실 냉정하게 말하면 출판 계약을 맺는 순간부터는 그 글을 온전히 나만의 글이라고 부를 수 없습니다. 좋은 책을 만들기 위해 출판과 관련된 여러 담당자분들과 함께 힘을 모아야 하고 그러기 위해서는 그 책에 대한 오너십 ownership을 공유하는 과정을 필수적으로 거치게 되기 때문이죠. 한편으로는 부담감이 생기는 것도 사실이지만 그 부담감이란 걸 기분 좋은 긴장감으로 치환해서 사용할 줄 아는 것도 작은 지혜에 해당할 겁니다. 따라서 저는 제게 계약금이 입금되는 순간 이런 생각을 하곤 하죠.

> 이제 내가 쓰는 글에 여러 명의 주인이 생겼다. 그러니 무슨 일이 있어도 대충 쓸 수 없다. 아니, 정말 정말 제대로 잘 써보고 싶다.

오직 당신을 위한 주문

어떻게 하면 조금이라도 글을 더 잘 쓸 수 있는지를 고심하는 분들께 제가 작게나마 드리는 조언 하나가 있습니다. 이미 예상하셨겠지만 다름 아닌 내 글에 또 다른 주인을 섭외해보라는 것입니다. '아니, 저는 책을 내는 작가도 아닌데 누구와 오너십을 공유하나요?'라는 반문이 따라붙겠지만 엄청 거창한 내용을 제안하려는 것은 아닙니다. 바로 내 주위에서 나에게 글감을 의뢰할 사람을 찾아보라는 말씀을 드리려고 하는 것이니까요.

벌써 4~5년은 훌쩍 지난 것으로 기억합니다. 그때도 회사 안에서 글을 더 잘 쓰고 싶다는 몇몇 사람들끼리 모여 이런저런 속사정을 나누게 된 적이 있습니다. 다들 글에 대한 애정과 욕심은 남달랐지만 어디서부터 어떻게 써나가야 하는지, 내 글이 조금씩 나아지고 있다는 것은 어떻게 확인해야 하는지 전혀 갈피를 못 잡고 있던 상태였죠. 그러던 중 제가 한 가지 대안을 제시했습니다. 바로 서로가 서로에게 1:1로 글감을 의뢰하자는 것이었습니다. 이왕이면 우리의 활동을 더 명확하게 해줄 이름이 있으면 좋으니 저는 그 관계를 '프라이언트frient'라고 부르기로 했습니다. 친구friend처럼 가까운 사이에서 서로 글감을 의뢰할 수 있는 클라이언트client가 되어주자는 의미였죠.

이를 위해 저희는 간단한 글쓰기 규칙을 만들었습니다. 우선 공통된 주제를 한 가지 정하고 각 클라이언트가 그 주제와 연관성이 있는 세부 주제를 정해서 특정한 누군가에게 글을 의뢰하는 것이었죠. 그렇게 클라이언트와 글쓰기 담당자가 매칭되면 서로 의뢰받은 내용으로 열심히 글을 쓴 다음 이를 다시 공유하며 좋았던 점과 아쉬웠던 점을 피드백하는 단순한 구조였습니다.

하지만 프라이언트가 되었다고 해서 "글 한번 써와보세요. 제가 평가해드릴게요"라는 입장에 서는 것은 아닙니다. 클라이언트가 프로젝트를 수행할 대상을 위해 자신의 요구 사항을 담은 클라이언트 브리프brief를 만들듯이 저희 역시 간단한 '프라이언트 브리프'를 만드는 것부터 출발해보기로 했거든요. 그리고 브리프를 쓸 때는 내가 왜 당신에게 이 글을 의뢰하는지 그 목적이 드러나도록 세 가지 방향 중 하나를 선택해 전달하기로 했습니다.

첫 번째는 '당신으로부터 이런 이야기가 듣고 싶습니다'라는 이른바 '경험의 주문'이었습니다. 여러분 역시 누군가 친한 사람이 생긴다면 자연스레 그 사람의 많은 것이 궁금해질 겁니다. 학창 시절은 어땠는지, 좋아하는 장소는 어떤 곳인지, 인생에 가장 큰 영향을 준 사건은 무엇인지 등 그 사람이 어떤 경험을 가지고 있는지 상세히 알고 싶을 테니 말입니다. 그러니 경험의 주문은 해당 주제와 관련된 그 사람의 특정한 경험이 궁금할 때 혹은 그 사람만이 할 수 있는 숨은 이야기가 있을 것 같을 때 선택할 수 있는 방향이라 할 수 있죠.

두 번째는 '이건 당신이 가장 잘 말할 수 있을 것 같아요'라는 '화법의 주문'입니다. 세상 누구나 아는 이야기라 해도 유독 그 특유의 말맛을 살려 흥미롭게 전달하는 사람들이 있습니다. 똑같은 얘기라도 누가 말하면 훈계처럼 들리고 누가 말하면 위로와 응원처럼 들리는 것 역시 이 화법에서 오는 차이가 크기 때문이죠. 그래서 글감을 의뢰할 때 '새로운 일을 시작하는 사람들에게 부담감을 내려놓을 수 있는 편안한 글을 선물하고 싶어요'와 같은 주문을 한다면 의뢰를 받는 사람의 입장에서도 화법에 대한 감을 빠르게 잡을 수 있습니다. 그렇게 또 자신만의 표현을 담은 글 한 편이 나의 손끝에서부터 탄생할 수 있는 거죠.

마지막으로는 '당신은 어떻게 생각하는지가 궁금해요'라는 '관점의 주문'입니다. 이는 평소 자신만의 시각이 뚜렷한 사람이나 자기 의견을 내비치는 것을 부담스러워하지 않는 사람들에게 활용할 수 있는 주문법입니다. 같은 상황을 보고도 새로운 관점 하나를 선물할 수 있는 능력을 가지고 있다면 그 생각을 풀어내는 것만으로도 또 다른 누군가에게 영감을 주는 글을 쓸 수 있기 때문이죠. 더불어 이렇게 쓴 글은 글쓴이 본인의 생각을 정리하고 그동안 머릿속에만 맴돌던 가치관에 탄탄한 맥락을 부여하는 역할을 합니다. 즉 자신에게도 타인에게도 도움이 될 수 있는 글이 완성되는 것이죠.

프라이언트의 공동 작업

좀 더 분명하게 이해하실 수 있도록 실제로 제가 의뢰받은 프라이언트 브리프를 한번 소개해보겠습니다.

그날 저희 멤버들에게 주어진 큰 주제는 다름 아닌 '처음'이었습니다. 별도의 설명 없이 그저 '처음'이라는 단어를 들었을 때 떠오르는 다양한 세부 주제를 각자 구상해본 다음 그 주제에 대해 본인이 가장 듣고 싶은 이야기를 써줄 것 같은 사람에게 글감을 의뢰하는 것이었죠. 그리고 저는 저보다 한참 후배뻘인 동료 한 분으로부터 이런 프라이언트 브리프를 전달받았습니다.

공통 주제 : 처음
세부 주제 : 초심에 대한 생각

최근 들어 가장 많이 하게 되는 말이 '초심을 잃었다'라는 말입니다. 처음 회사에 들어왔을 때의 그 거창하고 멋진 포부들은 점점 사라지고 나 스스로와 한 약속들은 이제 기억도 잘 나지 않습니다.
도영 님에게 '초심'은 어떤 의미인지 궁금합니다. 글을 읽고 나면 '아, 도영 님은 초심에 대해 이런 생각을 가지고 계시구나' 하는 관점 하나를 얻고 싶습니다.

어떠신가요? 결코 쉽지 않은 주제이지만 그래도 정말 매력적인 의뢰이지 않나요? '처음'이라는 주제로부터 '초심'에 대한 생각을 이끌어냈다는 점도, 본인이 처한 상황에 대해 다른 누군가의 관점이 필요하다고 이야기한 것도 글감을 의뢰하는 프라이언트의 여러 고민이 묻어나는 진정성 있는 요청이 아닐 수 없습니다.

그렇게 몇 날 며칠은 초심이라는 단어와 함께 살아본 것 같아요. 기억의 계단을 통해 처음 사회생활을 시작한 때로 돌아가보기도 하다가 또 굳이 과거를 더듬지 않아도 지금 뭔가를 새로 시작할 때면 나는 어떤 마음가짐을 가지게 되는지도 들여다보게 되었거든요. 게다가 초심이라는 주제에 대한 저만의 관점을 기대한 글인 만큼 사람들이 갖고 있는 초심에 대한 이미지와 제가 생각하는 초심에 대한 정의 사이를 오가는 노력도 게을리하지 않았던 것 같습니다.

그리고 얼마의 시간이 흐른 후 저는 제 프라이언트에게 '초심은 잃으면 안 되는 건가요?'라는 제목의 글을 선물했습니다. 글감을 의뢰받은 후 생각을 거듭하다 보니 저 역시 처음 가졌던 그 마음가짐으로부터 참 많은 것들이 변한 것 같더라고요. 하지만 그 변화가 부정적이었냐고 하면 꼭 그렇지는 않았습니다. 오히려 중간중간 새롭게 깨우친 것들을 중심으로 적절히 대응하지 않았더라면 스스로 만든 어설픈 거푸집에 갇혀 있을 뻔한 적도 많았으니까요.

그러니 초심이란 것은 당연히 바뀌어가는 게 정상일 수도 있겠다는 생각과 더불어 어쩌면 우리는 '잃는다'는 서술어가 주는 부정적인 인식에만 사로잡혀 초심은 응당 지켜내야 한다고 오해하며 사는 건 아닐까라는 저만의 시선을 글로 풀어낼 수 있었죠. 프라이언트의 질문이 없었다면 저 나름의 답을 해볼 수 있는 기회 역시 주어지지 않았던 셈입니다. (해당 글은 온라인에도 공개되어 있으니 글 제목을 검색하면 읽으실 수 있습니다.)

일보다는 먼, 놀이보다는 가까운

좋은 동료의 존재는 여러 가지로 해석될 수 있습니다. 내게 실질적으로 도움이 되는 가르침을 줄 수도 있고, 훌륭한 인품과 태도를 갖추고 있어 그 자체로 주변의 귀감이 될 수도 있으며, 그저 내가 힘든 순간에 잠시 잠깐 기댈 곳을 내주는 고마운 사람일 수도 있습니다. 그리고 여기에 한 가지 개념을 추가한다면 나도 몰랐던 내 역량을 끌어내주고 내 결과물에 대해 함께 오너십을 공유할 수 있는 사람이라는 의미를 더하는 것도 가능하지 않을까 싶어요. 그럼 일보다는 조금 가볍게, 놀이보다는 좀 더 진중하게 우리만의 멋진 프로젝트를 완성할 수 있는 거니까요.

비록 저는 글이라는 예시를 들었지만 사실 우리가 접하는 많은 분야에 이 프라이언트의 개념을 적용해볼 수 있겠단 생각도 듭니다. "너는 사업을 하면 정말 잘할 것 같아", "너는 말도 잘하고 아이디어도 많으니까 유튜버 한번 해보면 어때?"라고만 부추길 게 아니라 그보다 딱 한 단계만 더 깊게 들어가서 나름의 프라이언트 브리프를 만들어볼 수도 있는 거거든요.

하다못해 상대에게 뭔가를 권유하는 이유가 경험의 주문인지 화법의 주문인지, 아니면 관점의 주문에 해당하는지만 가릴 수 있어도 아마 여러분의 동료는 조금 더 실감 나는 목표를 가지고 현실적인 도전을 할 수 있을 겁니다. 그렇게 클라이언트적인 주문을 마친 후에 우린 또 절친한 프렌드로서의 무한 응원을 보내면 되니까요. 여러분의 인간관계 속에 이런 유형을 하나 보태보는 것을 적극 추천하는 바입니다.

+ 더하는 말

할리우드에서 오랜 우정을 자랑하고 있는 맷 데이먼과 벤 애플렉은 어린 시절부터 둘도 없는 친구 사이로 유명했습니다. 이 두 사람은 똑같이 배우의 꿈을 꿨지만 일찌감치 데뷔해 유명세를 탄 벤 애플렉과 달리 맷 데이먼은 번번이 오디션에 낙방하며 연기의 꿈을 틔우지 못하고 있는 상황이었죠. 그때 벤 애플렉은 맷 데이먼에게 영화 시나리오를 써볼 것을 추천합니다. "너는 섬세하고도 고집스러운 감정을 잘 이해하는 사람이야. 그런 캐릭터를 극대화한 시나리오를 써봐"라고 한 것이 촉매제가 되었고, 그렇게 탄생한 작품이 우리가 잘 아는 희대의 명작 〈굿 윌 헌팅〉입니다.

그러나 뛰어난 시나리오에도 불구하고 연기 경험이 전무한 맷 데이먼을 출연시키고자 하는 영화사는 한 군데도 없었습니다. 그때 또다시 벤 애플렉이 나서서 여러 투자자들을 만나 왜 맷 데이먼이 주인공이 되어야 하는지를 설득하고 다녔다고 하죠. 그렇게 가까스로 영화 투자가 결정되자 이번엔 맷 데이먼이 벤 애플렉에게 이런 말을 남깁니다.

"나 이외의 다른 주인공 한 명은 바로 너여야만 해. 지금 네가 나를 대하는 그 감정으로 연기해줄 사람이 필요하거든. 나를 아끼지만 때론 내게 화를 내기도 하고, 하릴없이 시시덕거릴지언정 꼭 붙어 있어야 마음이 놓이는 그런 존재로서 말이야."

어쩌면 이 둘이야말로 진짜 프라이빗 관계인지도 모른다는 생각을 해봅니다. 서로의 꿈을 한없이 지지하면서도 동시에 그 꿈에 생생한 디테일을 불어넣어줄 수 있는 사람. 각자에게 그런 존재가 있다는 게 지금의 두 배우를 만든 일등 공신일 수도 있으니 말이죠.

왜?
'의무감'으로 하면
안 돼?

_____

가끔 숏폼 영상을 보다 보면 어김없이 걸려드는 콘텐츠 중 하나가 과거 〈무한도전〉의 소위 레전드 장면들입니다. 이미 다음 대사로 어떤 말이 이어질지 알고 있을 정도로 자주 본 영상들이지만 볼 때마다 웃음을 참기가 힘드니 그 중독성은 엄청나죠. '없없무(없는 게 없는 무한도전)'라는 표현처럼 모든 상황에 필요한 모든 대사를 가지고 있어 가끔은 회사 보고서 한편에 밈으로 등장하는 경우도 적지 않습니다. 그러니 〈무한도전〉은 단순한 예능 프로그램이라 기보다는 대한민국 사람들의 언어 세계를 만드는 데 일정 부분 기여했다고 보는 편이 더 정확할지도 모르죠.

그런데 어느 날 우연히 〈무한도전〉 숏츠 영상에 달린 자막 중 이런 내용을 발견했습니다.

저게 15년 전이라는 것도 소름 끼치지만 출연자, PD, 스태프가 매주 저렇게 최선을 다했다는 게 더 소름 끼침….

그 댓글을 읽자 〈무한도전〉을 연출한 김태호 PD가 예전에 한 언론 매체와 가진 인터뷰에서 했던 말들이 떠올랐습니다. 당시에도 참 멋진 말이라고 생각해서 꽤 많은 분량을 적어놓은 기억이 나는데 그중에서도 제가 가장 좋아하는 문장들이 불현듯 다시 머릿속을 스쳐 지나간 것이죠.

그 시절 우리에겐 '해야 한다'는 의무감이 있었습니다. 그게 나쁘게 작용한 게 아니라 오히려 좋은 쪽으로 작용한 거예요. 유재석 씨를 비롯한 출연진, 저를 비롯한 연출진 모두 토요일 저녁을 위해 매일을 사는 사람들 같았거든요. 물론 각자 스트레스도 받고, 짜증도 나고, 힘도 들었겠죠. 하지만 우리는 '해야 한다'는 걸 잘 알고 있었고 실제로 매주 해냈어요. 재미가 있건 없건, 시청률이 잘 나오건 아니건 간에 일단 최선을 다해서 매주 해냈습니다. 〈무한도전〉의 도전은 그 도전이었어요.

사실 지금 읽어도 이 말에서 적지 않은 쾌감을 느낍니다. 〈무한도전〉이 대한민국 예능 역사에 한 획을 그은 것은 모두가 인정하는 사실이지만 무엇보다 그런 위대한 프로그램을 10년 넘게 연출한 PD의 입에서 나온 말이 '해야 한다는 의무감'이었다는 게 너무 반가웠기 때문이죠. 저 사람도 나와 다르지 않은 직장인이었구나, 원대한 목표나 기가 막힌 포부가 아니라 일상적인 의무감을 중요시한다는 사실이 훨씬 인간적이다라는 생각을 했으니 말입니다.

좋으니까, 꾸준하게

도영 님은 어제 뭐 하셨어요?
운동 다녀왔다가 책 읽고, 글 좀 쓰다가 잔 것 같아요.
그럼 오늘은 뭐 하세요?
운동 갔다 왔다가 책 읽고, 글 좀 쓰다가 자려고요.

누가 보면 개그 프로그램의 한 코너 같겠지만 실제로 저와 친구가 함께 주고받은 대화 중 일부입니다. 그리고 이런 대화 뒤에는 늘 꼬리처럼 따라다니는 두 가지 질문이 있으니 그게 바로 '어떻게 매일 똑같은 것을 반복할 수 있느냐'라는 것과 '그렇게 살면 지루하지 않느냐'는 것이죠. 저도 이 질문을 받고 한번 찬찬히 생각해본 적이 있습니다. 물론 운동을 하는 것도, 책을 읽고 글을 쓰는 것도 당연히 제가 좋아서 하는 것들이지만 그 사실만으로는 답이 되지 않더라고요. 좋아한다고 해서 뭔가를 늘 꾸준히 할 수 있는 것은 아니고, 반대로 꾸준히 한다고 해서 그 행위를 영원히 좋아할 수 있는 것도 아니니까요.

그러다 내린 결론이 바로 '좋은 의무감'이었습니다. 저에게 주어진 감사한 능력이 하나 있다면 저는 비교적 제가 좋아하는 것들을 금방 가려낼 수 있다는 거거든요. 살면서 한 번도 내가 어떤 대상을 좋아하는 건지 싫어하는 건지 긴가민가하게 생각해본 적이 없으니 말이죠. 그래서 좋아하면 더 좋아해보기로 결심하고, 그다지 마음이 끌리지 않으면 적당히 거리감을 두고 천천히 살펴보는 인생을 살아왔다고 생각합니다.

더불어 또 하나 장점이 있다면 뭘 하든 제법 꾸준한 편이라는 겁니다. (제 자랑을 늘어놓는 것 같지만 곧 끝납니다. 어차피 장점이 이 두 가지밖에 없거든요….) 때문에 작은 일 하나를 하더라도 쉽게 싫증을 내거나 금방 포기하는 경우는 흔치 않습니다. 무슨 일이든 적응하는 데까지는 시간이 걸리기 마련이고, 그렇게 적응하다 보면 또 적당한 재미를 알게 되고, 그 재미에 서서히 맛을 들이기 시작하면 그때부터는 누가 시키지 않아도 어느 순간 스스로 하고 있는 나 자신을 발견하게 되니 말입니다. 그러니 제겐 뭐든 좋아하는 것이라는 확신이 들면 그걸 적당한 의무감으로 만들어놓는 행위 자체가 습관화된 것도 같아요. 남들 눈에는 도파민이라곤 찾아볼 수 없는 지루한 삶처럼 보일지도 모르지만 오히려 제게는 적당한 도파민을 지속적으로 유지할 수 있는 이상적인 인생인 셈이죠.

재미와 의무 사이

간혹 회사를 떠나는 동료들이 퇴직 인사를 하고자 티타임을 요청할 때가 있습니다. 이런 대화는 대부분 회사와 작별하는 이유와 앞으로의 계획, 함께했던 순간들에 대한 추억과 서로의 앞날에 대한 축복이 뒤섞여 묘한 느낌을 자아내기 마련이죠. 그날도 어김없이 퇴사를 앞둔 동료와 함께 그런 대화들을 주고받는 중이었는데 동료가 대뜸 제게 이렇게 말하더군요.

> 지금 하는 일에 큰 재미를 못 느끼겠어요. 그래서 좀 더 재미있는 일을 찾아보려고요.

사실 이런 말로 회사 생활의 한 챕터를 마무리하는 사람들이 적지는 않습니다. 자신이 하고 있는 일에 점점 흥미를 잃어가고 있다면 그것만큼 분명한 이별 사유는 없을 테니 말이죠. 하지만 동료가 내뱉은 저 한 줄 문장이 며칠이고 꽤 신경이 쓰이더군요. 그래서 떠나는 동료를 위해 준비한 메시지 카드 안에 이런 작은 문구를 선물했습니다.

더 재미있는 일들이, 더 오랫동안 OO 님과 함께하기를!

그리고 몇 개월 지난 뒤 새로운 직장에 첫 출근한 동료가 제가 선물한 메시지 카드를 붙여놓은 책상 사진을 찍어 보내줬습니다. 거기엔 "이번엔 재미지게, 오래 일해보겠습니다"라는 답장이 함께 담겨 있었죠. 부담처럼 느껴진 말아줬으면 좋겠다는 말을 실어 보내긴 했지만 메시지 속에 남긴 저의 바람들을 좋은 의미로 해석해준 것 같아서 한편으로는 뿌듯한 마음이었습니다.

그건 제 솔직한 심정이기도 했거든요. 물론 언젠가 지금 선택한 일이 또 재미 없어지는 순간들이 오겠지만 이왕이면 자신의 역량을 제대로 펼치고 그 에너지가 더 좋은 곳에 많이 퍼질 때까지 재미의 온도가 유지되었으면 하는 마음이 컸으니 말입니다.

혹시 '재미'라는 말을 사전에서 찾아본 적 있으신가요? 저는 이때가 처음이었습니다. 살면서 재미라는 말의 의미를 찾아 사전을 뒤적이게 될 줄은 저도 몰랐거든요.

아기자기하게 즐거운 기분이나 느낌. 좋은 성과나 보람.

사전에서는 재미를 이렇게 설명하고 있습니다. 그러고 나서 무슨 생각이었는지 곧바로 '의무'라는 단어를 검색하고 있는 저를 발견했죠. 지금 돌이켜보면 아마도 제 일상의 꽤 많은 부분을 차지하고 있는 의무감에 대한 정확한 뜻이 궁금했는지도 모르겠습니다. 덕분에 저는 사전에서 알려주는 한 줄 문장을 똑똑히 기억하게 되었죠.

인간의 의지나 행위에 부과되는 구속.

물과 기름처럼 섞이지 않을 것 같은 재미와 의무에 대한 정의가 하루 종일 머릿속을 떠나지 않았던 날이 바로 그날이었습니다.

매일이란 단위로 재본다면

좋아하는 것들을 발견함에 있어서도, 그것을 꾸준하게 유지함에 있어서도 제게는 아주 중요한 가늠자가 하나 있습니다. 바로 '매일'이라는 단위입니다. 즉 좋아하는 것들 앞에서는 '내가 매일 해도 계속 좋아할 수 있는 것인가'를 스스로에게 물어보고, 꾸준히 함께하고자 마음먹을 때 역시 '어떻게 하면 지치지 않고 매일 반복할 수 있을까'를 고민해보거든요. 그러니 제가 애정하는 것들이

제 일상 속에서 은은하게 반복될 수 있다면 그만큼 행복한 삶은 없을 거라고 나름의 목표를 세울 수 있었고, 이러한 삶의 태도를 압축해 표현한 한 단어가 바로 좋은 의무감이었던 겁니다.

재미와 의무에 대한 말뜻을 찾아볼 때도 이 기준은 참 유용했습니다. 재미에 대한 사전적 의미를 보자마자 제가 떠올린 질문이 하나 있었거든요. 아기자기하게 즐거운 기분이나 느낌을 매일 느낄 수 있을까? 좋은 성과나 보람을 매일 손에 쥐며 살 수 있을까? 누군가는 그런 삶을 살 수도 있겠지만 적어도 제겐 어색할 만큼 잘 와닿지 않는 개념이었습니다. 물론 저라고 재미있고 즐거운 삶이 싫을 리 만무하겠지만 매일이라는 단위로 쪼개봤을 때는 그렇지 않은 날이 더 많을 수 있겠다 싶었거든요.

대신 의무감이라는 단어는 비교적 피부로 느껴지는 생생한 개념이었습니다. 만약 내 의지나 행위에 무엇인가를 부과할 수 있다면 그건 얘기가 좀 달라지는 문제였거든요. 특히 그 의지라는 것이 내가 좋아하는 것들을 향한 의지라면, 행위라는 것이 그것들을 꾸준히 할 수 있도록 도와주는 것이라면 그 규칙을 만들어가는 인생도 꽤 매력적인 삶이라는 생각이 들었던 거죠. 무엇보다 매일이란 단위를 기준으로 봤을 때 매일 좋은 의무감을 부여하는 것 정도는 충분히 해볼 만하다고 생각되더라고요. 그러니 제겐 매일을 재미있게 보내는 것보다 좋은 의무감으로 매일을 사는 것이 훨씬 현실적인 목표가 된 것입니다.

혹시 여러분은 원동력과 실행 동력을 구분할 수 있으신가요? 원동력이란 말 그대로 어떤 움직임의 근본이 되는 힘을 말합니다. 만약 여러분이 어떤 일을 하고자 하는데 원동력으로 쓸 것들을 찾는다면 그건 아마도 기대감이나 만족감, 성취감이나 자존감 같은 긍정적이고 이상적인 연료들일 가능성이 큽니다. 그래야 '왜 하는가'라는 물음에 답할 수 있을 테니까요.

하지만 원동력이 확보되었다고 해서 곧장 행동으로 옮길 수 있는 것은 아닙니다. 뭔가를 하려면 또 다른 의미의 힘, 바로 실행 동력이 필요하기 때문이죠. 실제로 우리를 움직이고 우리가 하는 일을 완성하도록 하는 이 실행 동력은 사실 달콤하기만 한 감정들로 만들어지는 것은 아닙니다. 여기엔 의무감, 책임감, 압박감, 죄책감 같은 것들이 포함되는데, 어쩌면 이런 것들이야말로 우리로 하여금 뭔가를 하도록 만드는 진짜 힘일 수 있죠. 그러니 좋아하는 것들을 꾸준히 해보고 싶다면 무엇을 원동력으로 삼고 무엇을 실행 동력으로 삼을지부터 구분할 수 있어야 합니다. 그래야 필요한 곳에 필요한 힘을 쓸 수 있으니까요.

완벽한 나날들

몇 달 전 절친한 지인들의 추천으로 영화 〈퍼펙트 데이즈〉를 보게 되었습니다. 한 분은 본인의 인생 영화로 등극했다며 극찬을 아끼지 않았고, 또 다른 분은 영화 속 주인공을 보며 제가 떠올랐다고 말씀하기도 했죠. 그래서 궁금한 마음에 영화를 찾아봤는데 저에게도 아주 크고 깊은 인상을 남긴 작품이 되고 말았습니다. 영화 속 주인공과는 다른 직업을 가지고 있지만 그가 매일을 대하는 태도가 제가 추구하는 삶의 방향과 꽤 유사하게 그려졌기 때문이죠.

도쿄의 공중화장실 청소부인 히라야마는 단조롭지만 충만한 하루하루를 살아갑니다. 누가 시키지 않았음에도 늘 필요 이상으로 청소 작업에 몰두하고, 그 외의 시간에는 정해진 루틴대로 자신의 소소한 일상들을 만끽하죠. 그런 그의 삶을 비집고 들어오는 예상외의 작은 균열들이 영화 전반에 걸쳐 나타나는데, 그게 히라야마의 삶을 무너뜨리느냐 하면 그건 또 아닙니다. 오히려 여유로운 갈대처럼 그 어느 때보다 자기답게 대처하며 그날 하루를 마무리하는 장면들이 이어지니까요.

해석이 과한지는 모르겠지만 저는 히라야마의 삶을 보면서 기존의 어떤 작품에서도 볼 수 없었던 자유로움을 느꼈습니다. 최고의 자유란 모든 것에서 벗어나는 것이 아닌, 스스로 규칙을 만들 수 있는 상태라는 말처럼 히라야마는 자신의 의지로 부여한 의무감들을 통해 자기가 원하는 매일매일을 살아가고 있음이 분명했거든요. 그런 좋은 의무감으로 가득 찬 하루가 표현된 영화라니, 심지어 그 제목마저도 완벽한 나날들이라니. 이 작품을 사랑할 수 없는 이유를 찾는 게 훨씬 어렵겠다는 생각마저 들었습니다.

누군가는 모든 게 마음먹기에 달려 있다고 말하지만 저는 반대로 꽤 많은 것들이 순서 정하기에 달려 있다고 생각합니다. 재미로 하던 것이 어느 순간 원치 않는 의무감이 되어버린다면 그건 좀 슬플 수도 있겠지만, 처음부터 좋은 의무감으로 시작한 일들 속에서 나름의 재미를 유지해간다면 그때는 삶의 방향 자체가 완전히 달라지게 되거든요. 10여 년 넘게 전 국민의 주말을 책임졌던 김태호 PD처럼, 자신이 계획한 하루하루 속에서 새로운 변주를 즐기는 히라야마의 모습처럼 말이죠.

그래서 저는 요즘 누군가가 의무적으로 해야 하는 일이라서 하고 싶은 마음이 잘 생기지 않는다고 말할 때면 이렇게 반문하기도 합니다.

왜? 의무감으로 시작하면 안 돼?

\+ 더하는 말

이 또한 개인적인 생각이지만 저는 반복되는 하루를 살아가는 게 어쩌면 게임 속에서 새로운 목숨을 계속 얻는 것과도 같다고 생각합니다. 혹시 오늘 뭔가가 조금 부족했거나 설사 내가 원하는 방향의 하루가 아니었더라도 내일 다시 잘해볼 수 있는 기회가 있다면 그건 게임 캐릭터가 매번 새로운 생명을 얻는 것과 다르지 않다고 보거든요.
그리고 실제로 김태호 PD님도 비슷한 얘기를 하셨죠.

"어떻게 매주, 매번 웃기겠어요. 이번 주 시청자들 반응이 안 좋으면 그냥 다음 주에 잘해야지 생각하는 거죠. 그리고 그렇게 재미없는 회차가 있어서 '무한도전 워스트 특집', '무도, 이대로 괜찮은가 토론 편'이 나올 수 있었어요. 당시에는 한 편 한 편이었지만 지금 돌이켜보면 모든 게 무한도전이었죠, 뭐."

재미로 하는 일에도
체계가 있으면
좋습니다

앞선 글을 통해 좋은 의무감에 대한 이야기를 했지만 혹여나 그 말을 '일에 있어 재미라는 가치는 기대하지 마세요'라고 오해하는 분들이 있을까 봐 조금 걱정이 되더라고요. 어떻게 하면 저의 진심을 왜곡하지 않고 전달할 수 있을까… 어떻게 하면 의무감이라는 감정도, 재미라는 요소도 모두 중요하다는 사실을 강조할 수 있을까… 고민을 이어가다 결국 또 한 편의 글을 써보기로 마음먹었습니다. 의무감에 방점을 맞춘 글이 있다면 재미에 방점을 맞춘 글도 한 편 필요한 거니까요. 각각의 시각에서 제가 할 수 있는 이야기를 하나 더 추가해보기로 결정한 거죠.

그러니 이전 글과 지금의 글은 한 편 같은 두 편이라는 생각으로 들어주시면 더욱 감사하겠습니다. 더불어 의무감이라는 단어가 그랬던 것처럼 재미라는 단어 역시도 여러분에게 새로운 환기와 활력을 가져다주는 기회가 되었으면 하는 바람이고요.

이번 글에서 다룰 내용은 다름 아닌 사이드 프로젝트에 관한 이야기입니다. 사이드 프로젝트. 이 말이 이렇게까지 주목을 받은 시대가 있었나 싶습니다. 회사 사람들과 대화를 나눌 때도 어떻게 해야 일터에서 더 의미 있게 성장할 수 있을지 못지않게 어떻게 해야 온전한 나로서 다양한 경험을 하고 살 수 있을지에 대한 주제들이 자주 떠오르거든요. 실제로 그런 삶을 실천하고 사는 사람들도 어렵지 않게 만날 수 있고요.

그렇다 보니 단순한 취미를 넘어 사이드 프로젝트 하나쯤 진행하고 있지 않는 자신을 게으르다거나 넥스트 커리어를 고민하지 않는 사람처럼 여기는 경우도 종종 보게 됩니다. 저만 하더라도 독자분들이나 주변 사람들로부터 가장 많이 받는 질문 중 하나가 바로 '사이드 프로젝트를 시작하고 싶은데 어떻게 해야 할지 모르겠다'는 거거든요. 그때마다 너무 쉽게 '이거 해보세요. 저거 해보세요'라고 말할 수 없으니 제 의견을 좀 소극적으로 전달했던 것도 사실인데요, 이번 기회를 통해 그동안 쌓아온 생각들과 제 경험담을 섞어 솔직한 속마음을 한번 꺼내보고자 합니다.

또 다른 평가자

2016년의 어느 날이었습니다. 그날은 직장인이라면 누구나 마주하게 되는 평가 시즌이 한창이던 때였죠. 다행히 상위 조직장님과의 면담에서 좋은 피드백을 들을 수 있었고 내년엔 기존에 진행했던 업무들보다 더 큰 규모의 업무를 받게 될 거라는 예고도 이어졌습니다. 회사원 신분으로 맘에 쏙 드는 평가를 받는다는 게 정말 어려운 일이라는 걸 알면서도 집으로 돌아오는 길은 마냥 즐겁지만은 않았습니다. 제 발목엔 커다란 물음표 하나가 족쇄처럼 걸려 있었기 때문이죠.

> 회사에서 나를 평가할 수 있는 권한을 가진 사람은 기껏해야 두세 명 남짓인데 이들의 평가만으로 나의 성장을 가늠한다는 건 한편으로는 위험한 일이지 않을까?

저도 알고 있습니다. 어쩌면 이건 배부른 고민일 수 있다는 사실을요. 하지만 조금만 생각해보면 여러분도 공감할 수 있는 부분이 있을 겁니다. 나를 평가해주는 사람이 여러 명이라 해도 이 역시 그 조직의 특성을 반영한 아주 소수의 의견일 수 있고, 눈앞에 보이는 객관적인 결과물이 존재한다고 해도 그게 오롯이 나를 증명해줄 거라 믿는 것 또한 조심스럽긴 매한가지이기 때문이죠.

내가 생산한 무엇인가를 대중에게 공개한다면 과연 나는 어떤 평가를 받게 될까?

결국 앞선 질문에 대한 답은 또 다른 질문으로 이어졌습니다. 그리고 주말이 되자마자 그동안 조금씩 끄적이고 있었던 글들을 다듬어 온라인에 공개해보기로 마음먹었죠. 뭔가 대단하게 시작할 것 없이 평소 취미 삼아 쓰고 있던 글들을 다른 사람에게 보여주고 어떤 피드백이 오는지 확인해보자는 취지였습니다. 그렇게 저는 매주 짧지도 길지도 않은 글을 한 편씩 꾸준히 업로드하기 시작했고, 시간이 지나면서 제 글을 응원하거나 공유하는 분들도 조금씩 늘어갔습니다. 특히 제게 직접 댓글을 달아주는 분들은 물론 다른 누군가를 태그해서 제 글을 추천해주는 분들을 관찰하다 보니 제 이야기가 어떤 부분에서 작게나마 공감을 일으킬 수 있는지 알게 되더라고요.

그렇게 1년쯤 지나 수십 편의 글이 쌓일 때쯤 몇몇 출판사로부터 책을 내보자는 연락이 왔습니다. 개인적으로도 신기하고 감사한 경험이었지만 무엇보다 기뻤던 것은 두세 명 남짓한 소수가 아닌 대중으로부터 평가받을 수 있는 기회가 생긴다는 점과 온전한 내 생산물이 어느 정도 경쟁력을 가질 수 있는지 파악해볼 수 있다는 것이었죠. 불안함과 답답함이 뒤섞인 질문에 작은 답이 되는 순간과 조우한 겁니다.

지금 하고 있는 일에서부터

출판과 관련한 좋은 제안들이 이어졌지만 결국 첫 책은 온라인에 글을 공개한 지 3년이 지난 시점에 제안을 준 출판사를 통해 출간되었습니다. 눈이 높아서도, 비싸게 굴려는 마음에서도 아니었습니다. 제게 가장 중요했던 이유는 제가 하고 있는 일, 즉 제 '도메인domain'인 기획에 관한 이야기와 제가 가장 좋아하는 대상 중 하나인 책에 관한 이야기를 엮어보자는 제안이 아주 마음에 들었기 때문이었습니다. 다른 출판사를 통해 들어온 흥미로운 제안들도 많았지만 대부분 당시 유행하는 출판 트렌드를 기반으로 한 것들이다 보니 제가 할 수 있는 이야기와 동떨어진 내용이라는 생각이 들더라고요. 반대로 하나의 구심점 없이 그냥 하고 싶은 이야기를 맘대로 써보라는 제안 역시 자칫 허공을 맴도는 글이 될까 봐 걱정되기는 마찬가지였고요.

굳이 이 말씀을 드리는 이유는 실제로 많은 분들이 사이드 프로젝트를 시작함에 있어 어떤 것을 테마로 선택해야 할지 몰라 긴 시간을 망설이기 때문입니다. 그리고 저는 그때마다 멀리서 찾을 필요 없이 지금 내가 갖고 있는 도메인에서 출발해보라고 답하죠. "아니, 회사 일을 떠나 뭔가 새로운 걸 하고 싶은 맘에 사이드 프로젝트를 고민하는 건데 내 도메인에서 시작하라뇨!"라는 외침이 들려오는 듯한 것도 기분 탓만은 아닐 겁니다.

하지만 반대로 제가 이렇게 질문을 드린다면 여러분은 어떻게 답할 것 같으신가요? 현재 여러분이 가진 도메인보다 더 경쟁력 있고 풍부한 경험이 있으신가요? 아니면 내가 가진 도메인 외에 완전히 다른 분야에 도전한다고 했을 때 대중에게 빠르게 인정받을 수 있는 노하우가 있으신가요? 사실 냉정히 생각해보면 그렇다고 답하기가 쉽지 않을 겁니다. 특히 그저 삶에 새로운 활기를 불어넣는 목적이 아니라 의미 있는 결과를 만들기 위한 사이드 프로젝트라면 더더욱 여러분이 뿌리내리고 있는 그 도메인에서부터 시작하는 것이 의외로 쉽고 빠른 성과를 가져올 수 있죠.

때문에 어떤 주제로 사이드 프로젝트를 시작하는 게 좋을까 하는 고민이 들 때는 아래 세 가지 포인트를 체크해보는 게 큰 도움이 되기도 합니다.

1. 내 도메인을 기준으로 나만이 할 수 있는 이야기가 있는가?
2. 그 이야기는 대중의 공감을 일으킬 수 있는 이야기인가?
3. 그럼 어떤 포맷으로 전달해야 가장 매력적이고 효과적인가?

저 역시 기획과 브랜딩에 관한 글을 계속 생산함에 있어 위의 질문들을 반복해서 던져보고 있습니다. 그리고 세 가지 중 어느 하나가 무너져 내리거나 작게나마라도 변화가 필요한 부분이 있다면 내 결과물을 평가해주는 대중이 알아차리기 전에 먼저 대응해야 한다는 생각을 늘 품고 있죠.

그러니 모든 사이드 프로젝트가 그저 취미나 여가 활동 수준으로 이뤄지는 건 아니라는 사실을 꼭 기억했으면 좋겠습니다. 내가 하고자 하는 그 사이드 프로젝트가 누군가에게는 본업이자 생업인 메이저 프로젝트일 수 있거든요. 더불어 그 결과를 소비하는 사람들은 그게 누군가의 생업인지 혹은 사이드 프로젝트인지 파악할 수 없기 때문에 당연히 동일한 기준으로 여러분을 평가하게 될 겁니다.

과거에는 '직장 다니면서 책을 낸다는 것만 해도 기특한 일이지'라며 저 스스로를 다독인 적도 있지만 지금은 생각이 완전히 달라진 것도 이런 이유에서입니다. 같은 비용을 지불하고서 다른 사람의 것이 아닌 내 결과물을 고른 누군가에게는 반드시 그에 해당하는 혹은 그 이상의 기대를 만족시키는 것이 최소한의 예의이기 때문이죠.

재미를 받드는 구조물

그럼에도 불구하고 사이드 프로젝트의 출발은 일종의 갈증에서부터 비롯됐을 가능성이 큽니다. 제 경험에 비춰보더라도 뭔가 새로운 것을 해보고 싶은 욕망은 현재의 삶에서 잘 채워지지 않는 결핍과도 연결되어 있었으니까요. 때문에 사이드 프로젝트로 선택한 일은 이왕이면 나 자신을 압박하며 갉아먹는 일보다는 스스로에게 힘과 용기를 주는 일이면 좋습니다.

방금 전까지는 생업처럼 생각하라고 했다가 또 지금은 갈증을 채우는 것에 중점을 두라고 하니 조금 혼란스러우신가요? 그럼 이번엔 사이드 프로젝트에 관해 고민하는 주변 지인들에게 제가 해드린 이야기를 인용해서 한번 설명드려보겠습니다.

> 재미로 하는 일에도 체계가 있으면 훨씬 유리합니다. 사실 '뭐든 재미있는 거 찾아서 신나게 해봐야지!'라고 생각하면 오히려 더 막막해지기만 하더라고요. 대신 아주 작은 일을 재미 삼아 시작하더라도 적당한 틀과 규칙을 가지고 있으면 생산성도 높아지고 생명력도 더 길어진다고 생각해요. 뭘 할지를 고민하는 것만큼이나 어떻게 해볼지를 고민하는 게 정말 중요한 것 같거든요.

그리고 이건 비단 저만의 생각은 아니라고 봅니다. 주변에서 다양한 사이드 프로젝트를 진행하고 계신 분들의 말을 들어보더라도 그냥 손 가는 대로, 마음 가는 대로 해서 좋은 성과를 내고 있다는 분들은 거의 없거든요. 오히려 예상보다 훨씬 품이 많이 들어가는 탓에 프로젝트의 규모를 줄여가고 있다는 분도 계시고, 일정 관리를 제대로 하지 않으면 이도 저도 안 될 것 같아서 시간 관리 코칭을 받고 있다는 분도 있습니다. 어떻게든 그 안에서 나름의 체계를 잡아가기 위한 노력을 게을리하지 않는다는 의미죠.

그리고 여기에 제 경험과 생각을 얹는다면 저는 이렇게 정리해볼 수 있을 것 같습니다.

우선 사이드 프로젝트의 체계를 갖추기 위해서는 미리 결과물을 산정하는 것이 큰 도움이 됩니다. 그냥 하다 보면 뭐라도 되겠지라는 생각보다는 아예 시작할 때부터 '나는 적어도 6개월 안에 최소한 이런 결과 정도는 완성할 거야'라는 마음을 먹는 게 프로젝트를 더 좋은 방향으로 이끌어갈 수 있다는 거죠. 그럼 프로젝트를 완결 짓는 데 드는 자원을 현실적으로 산정할 수 있고, 무엇보다 명확한 목표로 인한 동기부여 효과를 불러올 수도 있습니다.

또 하나의 방법은 시즌제를 도입해보는 겁니다. 사실 본업이 있는데도 불구하고 다른 프로젝트 하나를 꾸준히 이끌어간다는 건 정말 쉽지 않은 일이거든요. 때문에 사이드 프로젝트를 시작했다가 오히려 본업에까지 지장을 초래한 나머지 금방 포기하는 경우도 어렵지 않게 발견할 수 있습니다. 하지만 특정한 기간을 정해두고 시즌제처럼 운영해본다면 프로젝트를 진행하는 데 나만의 리듬을 만들어갈 수 있습니다. 특히 한 시즌이 끝나고 나면 회고를 통한 재정비의 시간을 가질 수도 있고, 그다음 시즌을 어떻게 끌어가야 하는지 고민하다 보면 마치 새로운 프로젝트를 하나 더 여는 것처럼 또 한 번 도약의 기회를 마련할 수 있기 때문이죠.

제 경우도 마찬가지입니다. 작년에 친하게 지내던 두 명의 지인들과 함께 '일친구'라는 이름의 팟캐스트를 시작했거든요. 서로를 처음 알게 되었던 한참 전부터 셋이 함께 뭐라도 해보자라는 얘기를 했었는데 처음엔 막상 무엇을 어떻게 풀어나가야 할지 쉽게 감이 서지 않았던 것도 사실입니다.

그러다 일단 팟캐스트부터 해보자고 의견이 모아지자 그다음부터는 프로젝트가 조금씩 체계를 갖춰가기 시작하더군요. 누가 시키지 않아도 짬을 내서 함께 화상회의를 이어갔고 누가 먼저랄 것도 없이 공유 폴더에 아이디어를 정리하고 회의록을 작성했습니다. 그러고는 우선 한 시즌을 잘 완성해보자는 목표와 함께 주말 시간을 쪼개 녹음하고, 편집을 의뢰하고, 업로드 시스템을 배우는 일을 하나씩 챙겨갔죠. 세 사람 모두 각자의 갈증과 결핍을 재미나게 풀어보고자 시작한 일이었지만 정말 그 과정은 '나름의 체계를 갖춘 일'임이 분명했습니다. 아니, 오히려 그런 체계가 없었다면 재미와 의미를 찾는 데 모두 실패했을 가능성이 컸죠. 거듭 강조하지만 즐거움이 잘 유지되려면 그 밑을 떠받칠 최소한의 구조물이 필요한 법이니까요.

내 편이 되어주는 일

사람들은 운명처럼 찾아온 기회에 열광합니다. 우연히 그린 그림 한 장이 온라인에서 회자된 덕분에 웹툰을 시작했다는 어느 작가의 이야기나 코인 노래방에서 친구가 촬영해준 동영상이 100만 조회수를 일으켜 결국 캐스팅으로 이어졌다는 연예인들의 사례는 우리에게 가슴 두근거리는 성장 스토리를 심어주기 때문이죠.

하지만 대다수의 성공은 수많은 고민과 시도, 착오와 교훈, 과정과 결정 속에서 이뤄집니다. 하나하나 뜯어보면 놀라운 모멘텀보다는 지루할 만큼 반복되는 평범한 프로세스들이 담겨 있죠.

사이드 프로젝트라는 것도 크게 다르지 않습니다. 새로운 대상에 몰입해볼 수 있다는 기쁨은 아주 잠깐일 뿐 실제로 프로젝트가 진행되면서부터는 또 하나의 업무 세계가 내 눈앞에 펼쳐지기 시작하거든요. 심지어 평소 익숙하지 않은 분야라면 일의 강도는 본업을 뛰어넘을 정도로 강할지도 모릅니다. 재미있어 보이는 일이라도 재미로만 할 수는 없다는 교훈을 진지하게 알려주는 대목이죠.

그렇다고 아직 시작도 하지 않은 여러분의 사이드 프로젝트에 불안감을 조장하고 싶은 생각은 전혀 없습니다. 대신 이런 방법 정도는 제안드릴 수 있을 것 같아요. 혹시 이 글을 읽어 내려오면서 중간중간 위치한 소제목들을 주의 깊게 살펴보셨나요? 글을 시작하기 전에 제가 솔직한 이야기를 들려드리겠다고 한 만큼 이번 글은 소제목도 되도록 명확하게 작성해보았는데요. 저는 여러분들 중 사이드 프로젝트를 고민하고 계신 분이 있다면 이 소제목들에 대한 질문을 체크리스트처럼 활용해보는 것도 좋지 않을까 싶습니다.

우선 나에게 또 다른 평가자의 역할을 해줄 수 있는 사람들이 누구인지 고민해보고, 그들에게 평가받을 대상을 정할 때도 굳이 멀리서 찾을 필요 없이 내 도메인에서부터 살펴보는 거죠. 그리고 내 갈증과 결핍을 해결해줄 아이템이 떠올랐다면 어떻게 해야 조금 더 체계를 갖춘 형태로 그 아이템들을 발전시킬 수 있는지를 연구하는 겁니다. 그렇게 본업과 사이드 잡에 대한 고민을 촘촘하게 이어가다 보면 여러분 스스로 작은 출구를 발견하게 될지도 모르죠. 새로운 대상에 대한 나의 열정을 조금이나마 더 오래 유지할 수 있는 여러분만의 적정 온도를 찾게 될 수도 있고요.

그런 의미에서 저는 많은 사람들이 크든 작든 신규 사이드 프로젝트를 많이 론칭했으면 하는 바람입니다. 여러분의 역량과 열정이 본업을 벗어나서도 날개를 달고 뻗어나갔으면 좋겠고, 여러분 역시도 더 흥미진진한 세상과 만날 수 있으면 하거든요. 그런 선순환이 이어진다면 사이드 프로젝트는 더 이상 한편에 존재하는 곁다리의 일이 아닌, 진짜 든든한 내 편side이 되어주는 일이 될 수도 있습니다.

본업으로부터 새로운 가능성을 발견하는 일, 더불어 내 본업의 가치를 한층 더 높여줄 수 있는 일. 사이드 프로젝트에도 황금비율이 있다면 바로 이것이라 할 수 있지 않을까요.

+ 더하는 말

진심으로 자신의 일을 사랑하는 사람들에겐 한 가지 공통점이 있는 것 같습니다. 자신의 일에 몰입할 줄 알면서도 그 일이 가진 매력의 불씨가 줄어들지 않도록 하는 법 역시 잘 아는 거죠. 그렇게 내 일과 좋은 관계를 유지하는 시스템을 만들어놓은 사람들이야말로 훌륭한 의미로 일과 사랑에 빠지는 게 아닌가도 싶고요.

그리고 어쩌면 저에게 그 시스템이란 좋은 의무감이라는 실행 동력을 바탕으로 시작한 다음, 나름의 재미 속에 체계를 더해가는 작업인지도 모르겠습니다. "저는 제 일이 너무나도 좋아요!"라고 확신하기엔 아직 한참 모자란 면이 있지만 그래도 여전히 "제가 하고 있는 일들과 앞으로도 꾸준히 잘 지내고 싶어요."란 말 정도는 할 수 있으니까요, 저 역시도 어설프게나마 제 나름의 방법들을 깨우쳐 나가고 있는 건지도 모르겠네요.

Part 4.   작은 기준을 세우는 말들

절박할수록
내 기준이 있어야
하는 거야

4년 전 겨울의 어느 날, SNS를 통해 대학생 한 분이 제게 메시지를 보낸 적이 있었습니다. 한눈에 봐도 장문의 편지글이라는 걸 알 수 있었는데 그 속엔 취업준비생 신분으로 사는 하루하루의 고통과 불안감이 잔뜩 묻어나 있었죠. 자라온 환경과 진로에 대한 고민, 그동안 해봤던 나름의 노력과 현실적인 한계들까지. 실로 작은 자서전과도 같은 이야기들이 몇 차례로 나뉜 메시지들에 빼곡하게 자리하고 있었습니다. '내가 어떤 대답을 줄 수 있을 거라고 생각하고 이 메시지를 보내신 걸까?'라고 생각하며 읽어 내려가는데 글 마지막에 이런 내용이 담겨 있더군요.

(…) 저는 기획자가 되는 게 간절한 꿈이지만 지금 상태

로는 점점 꿈과 멀어지는 것 같아서 너무 불안합니다. 도영 님이 보시기에 기획자가 되기 위해서 제가 지금 준비해야 하는 가장 현실적인 것은 무엇이라고 생각하시나요? 실례인 줄 알지만 제 사정이 너무 절박해 용기 내 여쭤봅니다.

그제야 조금 이해되기 시작했습니다. 본인이 하고자 하는 일을 먼저 하며 살고 있는 사람에게 그 길을 갈 수 있는 방법을 묻고자 하는 마음이란 걸요. 사실 이런 종류의 질문이나 요청을 받는 경우가 종종 있는데 그때마다 여러 갈래로 고민이 될 때가 많습니다. 질문을 주신 분들께는 힘이 빠지는 얘기겠지만 솔직히 말하면 제가 답변할 수 없는 것이 대다수거든요. 오랫동안 봐온 절친한 사람들이 물어와도 쉽게 입이 떨어지지 않는 질문들인데 처음 보는 사람에게 이에 관한 답을 한다는 것 자체가 제겐 성립되지 않는 조건에 해당하는 겁니다. 그래서 대부분 사정과 상황을 정중하게 설명하고 돌려보내는 편인데 이 장문의 메시지를 주신 분께는 조금은 다른 유형의 거절을 했습니다. 질문에 답할 수 없는 이유를 설명하는 답장에 이런 말을 덧붙였거든요.

(…) 혹여 제가 그 답을 안다고 해도 쉽게 말씀드리기는 어려울 것 같습니다. 보내주신 메시지를 통해 여러 번 '절

박하다'라는 표현을 쓰셨는데 그런 상황에선 상대가 하는 작은 말조차도 아주 크게 받아들여질 가능성이 크거든요. 그럼 시야는 더 좁아지고 자신의 목소리에 귀를 기울일 기회도 줄어들 거예요. 말도 안 된다고 생각하실지 모르지만 조급한 마음이 들수록 더 초연해지려는 용기가 필요하다고 생각합니다.

비겁한 사람들이 탐내는 것

우리 각자에게 가장 절박했던 순간은 언제였을까요? 사연의 주인공처럼 취업을 준비하던 시절이었을 수도 있고, 더 이전으로 돌아가 대학입시를 치르던 수험생 신분이 떠오를 수도 있을 겁니다. 아픈 가족의 빠른 회복을 바라던 순간이나 경제적으로 큰 어려움에 봉착해 한 푼 한 푼이 아쉬웠던 순간, 사랑하는 연인과의 이별을 직감했던 때 역시 간절한 마음이 앞서는 건 당연한 거겠죠. 내 의지나 노력으로 상황을 바꿀 수 있는 여지가 크지 않다는 걸 깨닫게 되고 그렇기 때문에 작고 가는 지푸라기 하나라도 잡고자 애를 쓰게 되는 것마저도 대부분이 겪는 절박함의 과정에 해당할 겁니다.

이런 처지에 있는 사람들을 보면 어떤 방식으로든 도움을 주려고 하는 것이 인지상정이지만 세상에는 비겁한 사람들도 참 많습니다. 그리고 마흔 살 넘도록 인생을 살아오면서 느낀 한 가지는 세상에서 가장 비겁한 행동 중 하나가 바로 상대의 절박함을 이용하는 일이라는 겁니다. 이렇게 말하면 취업 사기나 보이스피싱 같은 중대 범죄만을 떠올리기 쉽지만 사실 그런 극악한 일을 저지르는 사람을 우리 주변에서 찾기란 거의 불가능에 가깝습니다. 아마 지금 이 글을 읽으면서도 '세상에 상대의 절박함을 이용하는 사람들이 있어? 천하의 나쁜 사람들 같으니라고!'라며 분노하신 분들도 적지 않을 테니까요.

하지만 저는 타인의 절박한 순간을 활용해 자신의 존재감을 확인하거나 상대적인 우월감을 느끼는 것 역시 꽤 비겁한 행동에 해당한다고 봅니다. 입에 올리기 부끄러운 얘기지만 한때 동료였던 사람 중 한 명이 자신의 지인에게 콘텐츠 자문을 해준다며 상대를 마음대로 조종하는 장면을 목격한 적이 있습니다. 보다 못한 주변 사람들이 좋게 타일러도 보고 따끔하게 일침도 가해봤지만 도움이라는 이름의 탈을 쓴 기만행위를 제재할 방법은 전무했죠. 당시 그 동료의 지인은 여러 번 사업에 실패하고 마지막 보루로 그에게 매달려 있었던 것인데 동료는 정작 본인도 제대로 성공시켜본 적 없는 사례를 들이밀며 더 과감히 도전하라고 부추겼던 기억이 납니다. 당연히 결말은 좋지 않았고 주변인 모두에게 아주 부정적인 인상을 남겼죠.

돌이켜보면 그 역시 뭔가 못된 마음을 먹고 타인을 이용하려고 작정했던 것은 아니었습니다. 오히려 누군가가 자신의 말에 귀를 기울여주기 시작하고 자기 역량을 높게 추켜세워주자 그걸 통해서 본인의 존재감을 확인하고 싶은 마음이 더 컸던 것은 아닐까 싶어요. 절박한 상황에 놓인 사람과 이야기를 하면 할수록 자기 스스로가 꽤 괜찮은 사람처럼 느껴지는, 그래서 상대에게 그 우월감을 마음껏 표현해도 괜찮을 것 같은 마음이 들었을 수도 있겠죠.

사람이니 그런 실수를 할 수 있다며 거듭 이해해보려 해도 부족한 자기 자존감을 메우기 위해 타인의 결핍을 이용한다는 것은 정말 못나고 비겁한 일이 아닐 수 없습니다. 설사 상대가 그 과정에서 작은 도움을 얻어갈 수 있다고 쳐도 그런 태도와 방법 역시 환영받지 못할 것이 확실하고요.

그게 직구다

제게도 취업 준비생 시절이 있었습니다. 지금 생각하면 그리 긴 시간도 아니었지만 그때는 하루하루가 어찌나 더디게 가던지 지금 내가 출구를 향해 달려가고 있는 건가 아니면 막다른 동굴의 끝으로 더 깊숙이 파고드는 건가 분간이 잘 안되더라고요. 당시의 하루 일과라면 아침에 일어나서 운동을 하고 혼자 도서관이나 카페를 찾아가 취업에 필요한 공부를 하거나 책을 읽는 것이 전부였습니다. 게다가 다른 사람들은 어떻게 살고 있는지조차 들여다볼 수 없으니 막막하고 절박한 심정이 제 마음 어딘가에서도 조금씩 싹을 틔우고 있는 게 분명했죠.

그때 유일한 탈출구가 있었다면 공부를 마친 저녁 시간 즈음 홀로 야구장을 찾아가는 것이었습니다. 당시 가장 저렴한 외야석이 7천 원 정도 했는데 그 돈으로 서너 시간을 보낼 수 있는 여가는 야구가 유일했거든요. 탁 트인 푸른 잔디를 보면 답답했던 마음도 잠시나마 해소가 되는 것 같았고 무엇보다 제가 응원하던 롯데 자이언츠의 절박함 역시 저 못지않은 것 같아서 오묘한 동질감을 느낄 수 있었죠. (물론 롯데는 아직까지… 그 절박함을….)

그런데 어느 날 하루는 제가 앉은 외야석 가까이에 중학생 정도로 되어 보이는 아이와 아버지가 나란히 앉아 야구를 관람하고 있더군요. 처음엔 그저 야구를 좋아하는 부자 사이인가 보다 싶었는데 시간이 지날수록 이 두 사람이 경기에 집중하는 에너지가 저에게까지 전달되는 게 느껴졌습니다. 가만히 보니 아이는 한쪽 팔에 깁스를 하고 있었고 그런 아이에게 아버지는 중간중간 경기장을 가리키며 야구에 관한 설명을 이어가더군요. 그때서야 이 친구가 야구 유망주라는 것을 직감할 수 있었습니다. 어떤 사연인지는 모르지만 지금은 부상 때문에 잠시 그라운드를 떠나 이렇게 관중석에서나마 좋아하는 야구를 바라보는 것일 수도 있겠다 싶었죠. 그리고 그때 제 앞에 앉은 아버지가 아이 어깨에 손을 올리고 이렇게 말씀하시는 게 또렷이 들려왔습니다.

> 사람은 절박할수록 내 기준이 있어야 되는 기다. '내 꼴이 지금 이런데…' 싶으면 그게 약인지 독인지도 모르고 묵게 되그든. 그라니까 힘들수록 오히려 내가 남부러울 것 없이 다 가졌을 때 어떻게 할지를 자꾸 상상해봐야 된다. 그때 하고 싶은 게 진짜 내 기준이고, 그게 직구다, 직구!

기준에 대하여

'반드시 성공시켜야 하는 프로젝트', '이번 사업의 마지막 기회', '모든 것을 쏟아붓는다는 마음으로' 등의 표현을 대부분 한 번쯤은 만나보셨을 겁니다. 그리고 그런 심정으로 일할 때마다 더 긴장감을 가지고 집중하게 되는 것은 물론이고 평소에는 거들떠보지 않을 아주 작은 부분들까지 들춰가며 조금이라도 나은 방향을 고민하게 되는 게 사실이죠.

그러나 그 절박함의 순간에 늘 잃지 말아야 하는 것이 있으니 그게 바로 야구장에서 들려온 그 단어, '내 기준'이라는 것입니다. 절박한 사람들을 이용하는 게 비겁한 행동이라고 말씀드렸지만 조금만 더 풀어서 설명하면 비겁한 자들은 절박한 사람 중에서도 자기 기준이 무너진 이들을 기가 막히게 포착해냅니다. 그리고 그 사람들에게 자신이 가진 기준을 심는 방식으로 존재감과 우월감을 드러내는 거죠. 때문에 아무리 궁지에 몰려 시야가 좁아진 상태라고 해도 평소 내가 중요하다고 생각했던 기준들까지 무시하기 시작하면 그때는 그 절박함 속에 내 책임도 큰 부분을 차지하게 됩니다.

"기획자가 되려면 그 분야에 아는 인맥이 많아야 한다는데 어떻게 하면 그런 네트워크를 만들 수 있을까요?"라는 말을 듣고 나서 제가 처음 떠올린 생각은 '대체 어디서부터 어떻게 잘못된 걸까?'라는 것이었습니다. 그 말을 하신 분도 기획자가 되고 싶다고 마음먹은 순간부터 그런 방법을 떠올린 것은 아닐 테니 말입니다. 아마도 기획에 필요한 다양한 역량을 기르고, 자기가 내세울 수 있는 좋은 강점들을 찾고, 그동안의 경험과 생각들을 잘 정리해서 누군가가 자신을 바라봤을 때 매력적인 기획자라고 여기게끔 하는 게 중요하다는 생각을 해오셨을 가능성이 크겠죠.

하지만 사람 마음이라는 게 기대만큼의 결과가 따라주지 않고 그런 상황이 길게 여러 번 반복되다 보면 뭔가 내가 모르는 다른 방법이 있을 거라는 생각을 하기 마련입니다. 그러고는 점점 방향을 틀어 여러 가닥의 지푸라기를 건드려보기 시작하지만 사실 누구나 알 듯이 단번에 모든 것을 해결해줄 지름길은 어디에도 존재하지 않습니다. 그 길에는 오직 비겁한 사람들만이 있을 뿐이죠. 타인의 절박함을 활용해 어떻게든 자기 이득을 취해보려는 사람들이 우리의 그 무너진 기준들에 끼워 넣을 달콤한 말들을 준비 중일 테니 말입니다.

네가 이렇게 해결하기를 바란 건 아닐 거야

자존감이란 개념은 여러 가지 형태로 해석이 가능하겠지만 저는 자신의 기준도, 타인의 기준도 모두 존중할 줄 아는 태도야말로 좋은 자존감일 수 있다고 생각합니다. 그러려면 가장 중요한 것은 우선 내 기준이 있어야 한다는 것일 테고, 그다음으로는 누군가의 기준이 무너졌을 때 그 자리에 내 기준을 욱여넣는 것이 아니라 상대의 기준이 회복될 수 있도록 도와줘야 한다는 걸 겁니다. 때문에 절박한 사람이 SOS를 요청했을 때는 그 상황에는 공감해주되, 상대가 절박하지 않은 상태였을 때 선택할 법한 좋은 기준들을 계속 상기시켜주는 것이 무엇보다 중요하죠.

제가 존경하는 분들만 보더라도 뭔가 다급한 상태로 도움을 구하러 온 분들에게 '이거 해봐. 저거 해봐'부터 들이미는 경우는 없었거든요. 대신 지금 필요한 게 무엇인지, 이를 위해서 여태껏 어떤 노력들을 해봤는지 찬찬히 묻는 때가 훨씬 많았죠. 듣는 사람의 입장에서는 조금 답답했을 수도 있겠지만 객관적인 시선에서 지켜본 그 모습은 조급함이 가려놓은 안대를 풀어주고 절박함이 갉아먹은 자기 주관과 소신을 다시금 챙겨주는 과정이었으니까요.

드라마 〈미생〉에는 이런 장면이 나옵니다. 주인공 장그래는 직장 상사인 오 차장으로부터 엄청난 양의 속옷과 양말을 팔아야 하는 미션을 부여받습니다. 하루 종일 모든 거래처를 뛰어다니고 심지어 지하철 안에서까지 영업을 시도해보지만 문전박대만 당할 뿐 단 하나의 상품도 팔지 못하죠. 속절없이 흐르는 시간 속에 결국 장그래는 어린 시절 바둑을 둘 때 다닌 기원을 찾아가 팀장님께 속옷과 양말을 사달라고 부탁합니다. 과거 바둑 천재라는 명성을 가질 정도로 전도유망했던 그가 그 꿈을 포기한 채 다시 기원으로 돌아가 물건을 판매하려는 모습에서 저 역시 꽤 찡한 마음을 느꼈던 기억이 납니다.

그러나 장그래를 그토록 아꼈던 옛 팀장님은 조심스레 그의 제안을 거절합니다.

그래야. 넌 여기에 오는 게 아니었던 것 같다. 왜냐면 여기 있는 사람들은 다 사줄 테니까. 동정이든 격려든 응원이든. 그래서야 네가 일을 했다고 할 수 있겠어? 너를 보낸 그 차장님도 네가 이렇게 해결하기를 바란 건 아닐 거야.

그제야 장그래의 머릿속에는 차장님이 해준 말이 떠오릅니다.

누구한테든 팔아와 봐. 단, 가족은 제외다.

생각해보면 장그래에게 미션을 준 차장님도 최소한의 기준선을 제시해줬고, 누구보다 그가 잘되기를 바라는 바둑팀의 팀장님 역시 그 기준을 잃지 않도록 도와주는 역할을 했다는 걸 알 수 있습니다. 절박함 속에서 헤엄치는 사람에게 나는 어떤 도움을 줄 수 있는가, 반대로 내가 절박함에 빠져 허우적대더라도 바닷물을 들이켜는 실수만은 하지 않으려면 나는 어떤 기준을 가져야 하는가를 생각해보게 하는 대목이죠.

지금 글을 쓰는 이 순간에도 제 SNS 메시지함에는 여러 개의 질문이 담겨 있습니다. 며칠 전에는 아는 동생으로부터 고민이 있다며 맥주 한잔 사달라는 요청을 받았고, 친한 지인은 본인이 계획하고 있는 사업 아이템이 가능성이 있을 것 같냐며 조언을 구한 상태이기도 하죠. 제가 잘나서 그런 게 아니라 살다 보면 누구나 이런 역할을 하게 되는 날이 옵니다. 우리가 누군가의 도움으로 이 자리에 있듯 나 역시도 타인에게 도움을 줘야 하는 순간들이 있으니까요.

그리고 저는 그때마다 이런 생각을 합니다. 그들이 가벼운 고민을 안고 있는지 감히 상상하기도 힘든 절박함에 빠져 있는지는 잘 모르지만 적어도 상대의 상황을 활용해 내 존재감을 과시하는 못난 짓만큼은 하지 말자고요. 대신 혹시나 헐거워져 있는 각자의 기준과 신념을 발견하면 그거나 좀 단단히 조여주고 오려고 합니다. 그게 제가 할 수 있는 유일한 역할이 아닐까 싶거든요. 그러려면 저 역시 늘 제 기준을 잘 점검하며 살아야 할 테고요.

──────────────────────────────── + 더하는 말

가끔 10여 년 전 그 야구장에 앉아 있던 중학생 친구가 궁금해질 때가 있습니다. 진짜 프로야구 선수가 되었다면 아마도 지금쯤 가장 활발한 전성기를 보낼 나이일 테니까요. 힘들었던 과거의 어느 한 지점을 되새겨 많은 후배들에게 큰 도움을 주고 있을 수도 있겠죠. 더불어 그 당시 제게도 참 큰 용기가 되었다는 말을 어떻게든 전해보고 싶네요.

지금까지도 아버지의 그 말씀은 제 인생에 좋은 기준으로

작용하고 있으니 말이죠.

아! 그리고… 혹시 그 친구가 롯데 자이언츠 선수가 되었다면 간곡히 부탁드립니다. 팬들은 수십 년 동안 절박함에 갇혀 있으니 이제 우리를 좀 자유롭게 해줄 때도 되었다고 말입니다….

나의 인터뷰어,
나의 인터뷰이!

아마도 저 클리셰는 지구가 존재하는 한 계속 이어지겠지?

영화나 드라마를 보다 보면 문득 이런 생각을 하게 될 때가 있습니다. 전혀 다른 배경을 가진 두 남녀가 우연한 기회로 만나 서로를 알아가며 사랑하게 되는 이야기, 전직 경찰관이나 소방관인 주인공이 재난의 위험에 처한 가족을 구하기 위해 1인 대활약을 펼치는 이야기, 가장 믿고 의지했던 인물이 결국 착한 사람의 뒤통수를 치는 범인이었다거나 극도로 증오했던 아버지나 어머니가 실은 말 못 할 사연을 가지고 있었고 뒤늦게 그 사실을 알게 된 주인공이 후회와 반성에 젖는 이야기까지. 예측 가능한 클리셰만 늘어놓아도 거의 모든 영화 장르를 하나씩은 커버할 수 있지 않을까라는 생각마저 들죠.

하지만 역설적이게도 저는 이런 클리셰들을 미워하지 않습니다. 오히려 불 보듯 뻔한 설정을 가지고도 끝까지 몰입하게 만드는 작품을 만날 때면 클리셰는 그저 하나의 포맷일 뿐 이를 멋지게 풀어낸 감독과 배우들에게 찬사를 보내게 되니까요. 적어도 저에게 있어 좋은 클리셰란 좋은 '틀'이자 좋은 '뼈대'라고도 생각합니다.

그중에서도 제가 특별히 좋아하는 클리셰가 하나 있습니다. 좀 특이하다고 생각되실지 모르지만 저는 사람의 몸속에서 영혼이 빠져나오거나 두 사람의 영혼이 바뀌는 설정이 여전히 흥미진진하더라고요. 왜 그럴까 곰곰이 생각해보니 어쩌면 그건 직업적인 부분과도 연관이 있겠다 싶었습니다.

여러 번 말씀드렸다시피 기획과 관련한 일들은 대부분 그 결과를 쉽게 예측할 수 없습니다. 아무런 기대도 하지 않았는데 감당하기 힘들 정도로 폭발적인 반응이 터져 나오는 경우도 있고, 준비하는 내내 '이건 진짜 대박 날 것 같다'고 마음속으로 갖은 호들갑을 떨어봐도 실상은 조용한 경우도 많거든요. 기획을 허술하게 해서 그런 건가 하고 살펴보면 꼭 그렇지만도 않습니다. 제작비를 수백억씩 쏟아부어 만든 블록버스터급 영화들이 관람객들로부터 혹평을 받는 광경을 지켜볼 때면 투입물과 산출물이 딱 맞아떨어지는 기획을 찾는 게 더 어려울 수도 있겠단 생각마저 드니까요.

그리고 결국 이런 생각들은 '누군가의 마음속으로 들어가보고 싶다'는 엉뚱하지만 원초적인 상상으로 이어지는 것 같아요. 자료 조사 단계에서는 결코 발견할 수 없는 것들, 하물며 사용자 반응을 리서치할 때도 절대 드러나지 않는 그 이면의 심리들을 캐고 들어가서 본인도 잘 모르는 진짜 속마음을 살펴보고 싶을 때가 있기 때문입니다.

뻔하지 않은 클리셰

하지만 시간이 지나면서 이런 생각에도 조금씩 균열이 생기기 시작했습니다. 그리고 그사이로 '마치 내 몸에서 빠져나간 영혼이 나를 바라보는 것처럼 온전한 나 자신과 마주할 수 있는 기회가 생긴다면 내가 만드는 결과물에도 좀 더 진정성을 담아낼 수 있지 않을까?'라는 생각이 자라나기 시작했죠.

사실 우리는 늘 타인의 마음이 궁금하다고 이야기하지만 정작 나 자신을 완벽하게 이해하며 살고 있냐라는 질문 앞에선 선뜻 그렇다고 답하기가 어려울 겁니다. 쉽게 말해 나에게서 추출해낼 수 있는 영감과 인사이트와 이야기가 있음에도 불구하고 그 시선을 늘 외부로 먼저 돌리는 것은 아닐까 싶은 거죠. 남들이 가진 건 모두 대단해 보이고 내가 가진 것은 뻔한 클리셰들로만 보인다면 우리는 스스로를 활용할 수 있는 기회를 영원히 잃어버리는 것인지도 모르니까요. 가끔씩은 마치 영혼이 육체를 빠져나오는 그때처럼 나를 한 명의 타인으로 두고 새롭게 조명해보는 노력이 꼭 필요하다고 생각합니다.

어떻게 그게 가능하냐고 묻는다면 저는 아주 간단한 방법을 제시하고 싶습니다. 이건 실제로 제가 자주 사용하는 방식이기도 한데요, 바로 틈날 때마다 나 자신을 인터뷰한다고 생각하며 새로운 질문을 던지고 그에 맞는 답변을 해보는 겁니다. 내가 나를 이해한다는 게 왜 유독 어려울까 생각해보니 저는 질문과 답변이 너무 멀리 떨어져 있다는 게 가장 큰 이유 같더라고요. 즉 스스로에 대한 궁금증이나 고민이 생기더라도 우리는 그저 그 질문을 품고만 있을 뿐 적극적으로 답해보려고 노력하지 않고, 그러다 어느 순간 다른 사람으로부터 좋은 이야기를 듣고 나면 저게 답인가 보다 싶어 나 자신에게 던지는 질문 자체를 생략한 채 답변부터 만들어보려는 경향을 보이기 때문이죠.

질문과 답도 가까이 또 자주 마주치게 해야 박수 소리가 나는 법인데 서로를 너무 떨어뜨려놓다 보니 시너지를 내기가 더욱 힘들어지는 겁니다. 그러니 마치 누군가 나를 인터뷰하듯 직접 질문을 만들고 그 질문에 대한 답을 써 내려가보는 것이 자칫 뻔할 수 있는 나의 클리셰들을 멋진 방향으로 풀어볼 수 있는 기회일지도 모른다는 생각에 이르렀죠.

선명해져라, 선명해져라!

아무리 그래도 셀프 인터뷰라니… 조금은 부담스럽기도 하고 한편으로는 손발이 오그라드는 것도 사실입니다. 그냥 마음속으로 질문을 떠올린 다음 재주껏 요리조리 머리를 굴려보면 될 문제이지 굳이 인터뷰라는 말로 표현할 필요가 있나 싶기도 하죠.

하지만 세상에는 표현을 해야만 명확해지는 것들이 있습니다. 혹시 여러분은 '공감'이라는 단어를 들으면 어떤 이미지가 떠오르시나요? 아마도 누군가의 주장이나 감정에 동의해주고 나아가 상대의 입장에 몰입해보려 노력하는 것을 공감이라고 생각할 확률이 높을 텐데요, 그런데 저는 공감이란 것에는 또 다른 역할도 있다고 봅니다. 다름 아닌 희미하게 존재하던 것을 선명하게 바꿔주는 역할이죠. 친구들과 이야기를 나누다가 "맞아! 맞아!"를 연발하게 되는 순간도 친구의 말에 완벽히 동의했다기보다 내 기억 속에 잠들어 있던 비슷한 경험이 타인과의 대화를 통해 다시 수면 위로 올라오게 된 것인지 모릅니다. 그저 느낌적인 느낌으로만 저장해둔 경험들을 꼭 맞는 단어들로 표현해봄으로써 더 또렷이 인식하게 된 덕분일 수도 있고요. 때문에 많은 이들로부터 쉽게 공감을 이끌어내는 사람들 역시 스스로 규정할 수 없었던 것들을 명징하게 바꿔주는 화법을 사용하는 경우가 많습니다. 각자의 마음속에 있던 미완성의 그림을 함께 완성할 수 있도록 도와주는 셈이죠.

이를 위해 제가 써먹는 방법은 아주 쉽고도 단순합니다. 저는 일단 질문이 떠오르면 도구를 가리지 않고 그때그때 기록해두려고 하는 편이지만 어떤 질문들에 대해서는 특별히 유통기한을 붙여놓기도 합니다. 다시 말해, 기약 없는 인생의 난제로 남겨두는 것이 아니라 어떻게든 그 기간 안에는 답을 찾아보겠다고 제 나름의 모래시계를 마련해보는 거죠. 그래서 어떤 질문은 3일, 어떤 질문은 일주일, 또 어떤 질문에는 그보다 더 긴 데드라인을 정해서 메모와 함께 캘린더에 저장해둡니다. 그러고는 그 질문을 안고 정해진 기간을 살아보기 시작하죠.

그냥 살아도 빡빡한 일상을 굳이 질문거리를 들고서 이어간다니 살짝 무겁다는 생각이 드시나요? 하지만 실제로 해보면 전혀 그렇지 않다는 걸 민망할 정도로 빨리 깨달으실 수 있을 겁니다. 제게 있어 질문을 안고 살아간다는 건 마치 장바구니를 들고 집을 나서는 것과 비슷하거든요. 평소 같으면 보고 나서도 금방 잊어버릴 것들, 한 귀로 듣고 한 귀로 흘려버릴 만한 것들을 어떤 방식으로든 주워 담아 나름의 답을 완성해보겠다는 의지의 표현과 다를 바 없기 때문이죠.

   그렇게 질문의 유통기한이 임박해질 때쯤 저는 그 질문에 대한 답변을 쓰는 시간을 갖습니다. 그리고 이때 중요한 건 내 생각을 일기처럼 두서없이 늘어놓는 게 아니라 실제로 다른 사람들에게 답변을 공개한다는 마음으로 내 관점을 잘 설명하는 데 최선을 다해야 한다는 거죠. 그래야 희미하게만 안고 있던 그 질문들이 비로소 선명한 답으로 바뀌어가기 시작하거든요. 설사 그게 맞든 틀리든, 지금 내 상황을 바꾸는 데 있어 직접적인 도움이 되든 안 되든 단 한 번이라도 선명하게 내 생각을 표현해본 경험은 여러분의 삶에 작지 않은 자산이 될 게 분명합니다. 그 과정에서 내가 어떤 방식으로 표현하고, 설명하며, 설득하는 사람인지를 조금씩 이해해 나갈 수도 있고요.

나만이 대답할 수 있는 것들

한창 아이돌 육성 프로그램이 인기를 끌던 무렵이었을 거예요. 평소에 그런 프로그램들을 자주 보지는 않는 터라 큰 관심을 두지 않고 있었는데, 그날은 한 오디션 프로그램의 최종 생존자로 선정된 몇 명이 뉴스 초대석에 등장하더라고요. 아직 스무 살도 되지 않은 어린 친구들이 오직 자신의 꿈 하나를 위해 엄청난 생존 경쟁에 뛰어든 모습이 무척 대단해 보여 존경의 눈빛으로 바라보고 있었는데 때마침 뉴스 앵커분이 이런 질문을 던졌습니다. "그동안 견디기 힘들고 두려운 순간들도 있었을 텐데 그땐 어떻게 이겨냈느냐"고요. 그랬더니 한 출연자가 이런 대답을 꺼냈죠.

> 저는 힘든 일이 있을 때마다 제 우상과도 같은 선배님들의 인터뷰를 찾아보곤 했어요. 그리고 '나중에 내가 가수가 되어서 저 질문을 받는다면 나는 어떻게 답할 수 있을까'라는 시뮬레이션을 정말 많이 했죠. 그랬더니 진짜 신기하게도 지금 겪고 있는 어려움들이 다 멋진 에피소드 같은 거예요. 나중에 가수가 되면 이 이야기를 꼭 들려줘야지라며 오히려 더 열심히 기억해두기도 했고요. 무엇보다 저 스스로가 변하는 게 느껴졌어요. 지금 포기하면 나중에 이 말을 할 기회조차 없겠구나, 요령을 부리거나 잘못된 방향을 택하면 내 이야기에 떳떳할 수 없겠구나 싶었으니까요. 그래서 저는 지금 이 자리가 꿈만 같습니다. 비록 아직 제대로 데뷔도 못 했지만 적어도 제가 틀리지는 않았다는 사실에 저 자신이 너무 대견해요.

이 스토리가 더없이 멋졌던 건 그 속에 담긴 말들이 모두 현재 진행형이었기 때문인지도 모릅니다. 언젠가는 좋은 날이 오겠지라며 묵묵히 연습에 임했다는 말보다 지금 내가 이 이야기를 잘 완성해놓아야 나중에 제대로 들려줄 기회가 있다라는 그 마인드가 너무 인상 깊었으니 말이죠. 아마도 그 참가자는 누군가를 롤 모델로 삼는 것만큼이나 자신이 되고 싶은 이상형을 아주 구체적으로 그리고 있었을 테고 동시에 그런 사람이 되기 위해 지금 무엇을 어떻게 해야 하는지 끊임없이 고민했을 겁니다.

덕분에 저에게 그 참가자는 마치 판타지 영화에서처럼 언제든 자기 몸을 빠져나와 스스로를 바라볼 수 있는 능력을 지닌 사람처럼 느껴지기도 했고, 한편으론 맘속에 품고 있는 질문과 답이 서로 자주 또 가까이 만날 수 있도록 열심히 이어주는 사람 같기도 했죠. 진정성을 가지고 꾸준히 실천해본 사람만이 할 수 있는 답이었기에 그 여운도 쉽게 사그라들지 않았던 기억입니다.

질문 빌리기

그럼 이번엔 또 다른 인터뷰이 한 명을 소개해보겠습니다. 몇 주 전 즐겨보는 매체에 반가운 인물이 등장했거든요. 바로 뉴욕 최고의 목수이자《완벽에 관하여》라는 책을 쓰기도 한 마크 엘리슨이 그 주인공이었죠. 난이도가 높기로 소문난 뉴욕의 건축물 중에서도 까다로움의 끝을 달리는 클라이언트들의 의뢰를 수행하는 그의 작업 일지를 살펴보다 보면 이건 일에 관한 이야기라기보다 철학에 관한 이야기라는 생각마저 들 정도입니다.

그러던 중 해당 매체의 인터뷰어가 엘리슨에게 던진 한 줄 질문에서 저도 생각의 발걸음을 잠시 멈춰보았습니다.

'이만하면 괜찮다'라고 할 만한 기준이나 척도가 있을까요?

그러고는 곧바로 이 문장을 저의 새로운 질문 리스트에 올려놓았죠. 너무 길어지면 심오한 잡념의 바다를 헤엄치게 될 것 같아 딱 2주를 유통기한으로 정했고, 나름의 답을 찾기 위해 열심히 장바구니를 들고 다녀보는 나날을 이어갔습니다. 덕분에 '이만하면'이란 내게 어떤 척도이고 '괜찮다'는 또 내게 어떤 상태인지에 대해 생각해볼 수 있었고, 다른 사람들이 무언가에 만족할 때와 그렇지 않을 때 느끼는 감정은 어떤 모습인지도 엿볼 수 있었죠. 일을 할 때와 그렇지 않을 때 나의 기준은 어느 정도의 괴리를 가지는지 궁금했고 유독 나 스스로에게 엄격한 지점들, 반대로 한없이 관대해지는 부분들은 또 어떤 것인지에 대해서도 생각을 이어나가 보았습니다.

아마도 저 질문을 던져보지 않았더라면, 어찌 되었건 나만의 답을 찾아봐야겠다고 마음먹지 않았더라면, 무엇보다 2주라는 유통기한을 정해놓지 않았더라면 이 모든 것은 시작조차 하기 힘들었겠죠.

그래서 저는 이 셀프 인터뷰가 참 유용하고도 매력적인 것 같아요. 내 안에 갇힌 채로 '나답게 살겠어!'라며 공허하게 외치는 게 아니라 가끔씩은 나라는 사람으로부터 빠져나와 타인에게 던질 법한 질문들을 건네고, 다시금 나로 돌아와 그 답을 찾아가는 여정이 진짜 나다워지는 순간이라는 생각이 들거든요. 그렇게 조금씩 인생에서 또렷해지는 부분들을 발견할 때면 결국 나는 내 삶의 가장 친절한 인터뷰어이자 제일 솔직한 인터뷰이라는 작은 확신도 갖게 됩니다.

하나 더 곁들이자면 이런 생각도 제겐 작은 용기이자 색다른 활력으로 작용하더라고요. 수없이 반복되고 퍼져나갔을 질문이더라도 그게 나에게 던져진다면 나는 또 다른 대답을 해볼 수 있겠구나라는 생각과, 누군가가 미리 완성해놓은 답변이더라도 내가 어떤 질문과 매칭해보느냐에 따라 해답의 방향은 다시 한번 달라질 수 있겠구나라는 생각 말이죠. 그러니 우리 삶에 의미 없는 클리셰란 존재하지 않는 것도 같아요. 그 클리셰가 당장 내 일이 된다고 생각하면 정신이 번쩍 들고 오감은 활짝 열릴 것이 분명하니까요.

+ 더하는 말

언젠가 친한 친구에게 영화 한 편을 추천하며 이런 멘트를 남긴 적이 있었습니다.

"비록 클리셰가 가득한 작품이지만 나는 엄청 재밌게 봤어."

그러자 친구는 이런 답변으로 그 클리셰들을 추켜세워주었죠.

"클리셰 함부로 무시하지 마라. 너는 누군가에게 한 번이라도 인용되어본 적 있었더냐."

우리에게
죽음이 있다,
그리고 희망이

우리에겐
작은 철학이
더 많이 필요해

재작년쯤 제겐 큰 프로젝트 하나가 떨어졌습니다. 그것은 다름 아닌 회사에서 새로 짓는 데이터센터의 공간 브랜딩을 담당하는 일이었죠. 눈치가 빠른 분이라면 이미 알아채셨겠지만 사실 데이터센터는 공간 브랜딩이라는 말이 붙기에 꽤나 어색한 장소 중 하나입니다. 웬만한 구역은 대부분 서버룸이 차지하고 있고 그 외의 장소라고 해도 이 서버의 안전과 효율을 위해 마련된 기반 시설이기 때문이죠. 심지어 건물의 90퍼센트 이상은 모두 보안 구역이라 특정한 권한을 가진 관계자가 아니고서는 접근조차 쉽게 허용되지 않습니다.

하지만 의외로 데이터센터는 여러 가지 목적으로 많은 사람들이 방문합니다. 비즈니스 협업을 위해 국내외 주요 관계자들이 찾아오기도 하고 데이터센터와 연관된 업무를 하는 사람들이 레퍼런스를 확인하는 차원에서 투어를 요청하기도 하거든요. 물론 이때도 아주 일부분의 공간만 외부에 개방하게 되는데 제가 맡은 일이 바로 이 일부 공간의 경험을 잘 기획해서 데이터센터 전체가 어떤 시스템으로 운영되는지를 이해시키고 우리 회사 데이터센터만이 전달할 수 있는 인상을 브랜딩하는 것이었죠.

안정적이라는 환상

난생처음 보는 용어들과 거듭 설명을 들어도 이해되지 않는 구조들이 즐비한 데이터센터의 경험을 브랜딩한다는 건 이전에 했던 업무들과 비교해도 분명 난이도가 꽤 높은 업무였습니다. 그렇게 열심히 머리를 싸매며 힘겨운 씨름을 이어가던 중 데이터센터 관계자분들과 초기 기획을 도모하는 회의에서 의외의 말을 들을 수 있었습니다.

> 데이터센터의 운영 목표는 어떤 상황이 발생하더라도 모든 것이 안정적으로 유지될 수 있게 하는 것인데요, 이게 결코 말처럼 쉬운 일이 아닙니다. 정말 모든 상황에서 모든 요소를 감안한 다음 그에 맞는 시나리오와 대응책을

가지고 있어야 하거든요. 쉽게 말해, 안정적인 상황을 만들어놓고 그 상태값을 보존하는 게 아니라 갖가지 변수 속에서도 안정적인 상태를 유지할 수 있는 노하우를 마련하는 게 데이터센터 운영의 핵심이라고 할 수 있죠.

이 말을 듣자 저를 비롯해 함께 프로젝트를 진행하던 사람들의 머릿속에 한 줄기 빛이 비치는 듯했습니다. 이 방대한 데이터센터의 규모와 역량을 어떤 경험으로 압축할 것인가를 고민하던 차에 데이터센터 운영의 핵심이라고도 할 수 있는 목표를 공유받으니 애써 다른 대안을 찾을 필요조차 없어졌거든요. 대신 이 중요한 목표를 사용자들에게 효과적으로 각인시키는 것이 최우선 과제가 된 만큼 저는 각종 콘텐츠를 뒤져가며 어떤 언어에 이 메시지를 대입할 수 있을지 밤낮으로 매달리기 시작했습니다.

떨어지지 않는다, 어떤 상황에서도

그러던 중 제 레이더망에 포착된 단어 하나가 있었으니 그건 바로 '다이내믹 스태빌리티dynamic stability'라는 용어였습니다. 굳이 우리말로 옮기자면 '동적 안정화'쯤 될 텐데 전투기 조종사들이 항법 훈련을 함에 있어 가장 기초가 되는 것이 바로 이 개념이라고 하더군요. '다이내믹 스태빌리티'란 간단히 말해 아주 역동적인 외부 상황 속에서도 내부의 안정을 유지할 수 있는 항상성의 원리입니다. 흔히 비행의 목표라고 하면 A에서 출발해 B 지점으로 날아가는 것이라고 생각하기 쉽지만, 사실 비행의 가장 기본적인 목표는 추락하지 않는 것이라고 합니다. 그도 그럴 것이 일단 공중에서 비행 상태를 유지할 수 있는 조건을 마련해야 정상적인 운항을 이어갈 수 있고 원하는 목적지로 이동하는 게 가능하기 때문이죠. 이를 위해서 전투기 조종사들 역시 수천 가지 상황을 가정한 다음 어떤 악조건이 발생해도 안정성을 유지하는 훈련에 가장 큰 비중을 둔다고 합니다.

더 놀라운 건 이 개념이 우리 신체 활동에도 적용된다는 사실입니다. 우리가 이른바 '코어 근육'이라고 부르는 복부와 척추, 골반을 잇는 근육의 주요 역할 중 하나가 바로 안정성을 유지하는 것이거든요. 그래서 코어 근육이 잘 발달한 사람은 동일한 신체 활동을 하더라도 그렇지 않은 사람에 비해 부상의 위험이 적고 혹여 신체에 불균형한 상황이 발생해도 다시 원래의 상태로 돌아가는 회복력이 탁월한 것이죠.

그리고 저는 데이터센터 공간 브랜딩 계획을 발표하는 보고서의 핵심 장표에 '다이내믹 스태빌리티'라는 단어 하나만을 삽입했습니다. 그런 다음 앞서 여러분께 설명했던 이 개념들을 하나씩 상세하게 전달하기 시작했고 우리가 보여줘야 할 데이터센터의 경험도 '얼마나 안전하게 지었는가'를 넘어 '극한 상황 속에서도 어떻게 안전할 수 있는가'라는 사실임을 피력했습니다. 다행히 모두가 이 메시지에 공감해주셨고 실제 브랜딩 작업도 이 기조로 이어갈 수 있었죠. 특히 핵심 어젠다 하나가 마련되니 다른 영역의 작업들도 '다이내믹 스태빌리티'를 이해시키고 체감할 수 있는 방향으로 물 흐르듯 자연스럽게 이어지는 것이 신기하고도 뿌듯했습니다.

이런 작업을 하다 보면 기획자의 역할은 내가 아는 걸 써먹는 것도 아니고 내가 가진 것을 펼쳐놓는 건 더더욱 아니라는 사실을 뼈저리게 느끼게 되죠. 기획하는 사람에게 주어진 본연의 업무는 모두가 함께 고민하고 있는 것을 다 같이 풀어나갈 수 있도록 그 빗장을 여는 일일 테니 말입니다.

How-to에 관한 고민

〈그렇게 아버지가 된다〉, 〈바닷마을 다이어리〉 등으로 잘 알려진 고레에다 히로카즈 감독의 수필집 제목은 《작은 이야기를 계속하겠습니다》입니다. 그는 영화감독이란 큰 이야기에 가려서 잘 보이지 않는 작은 이야기들을 발견해 전달하는 사람이며, 그 이야기를 우리 삶의 빈틈 속에 알맞게 끼워 넣어주는 역할을 한다고 말하죠. 작다는 게 결코 조촐하거나 빈약하거나 어설픈 것이 아니라는 걸 자신의 직업을 통해 반증해주는 셈입니다.

인생의 모토, 삶을 지탱하는 좌우명, 변하지 않을 가치관. 이런 커다란 말들이 주는 두근거림이 필요할 때가 있다는 사실을 분명히 알지만 저 역시도 늘 관심이 가고 마음이 쓰이는 대상은 그 틈에 존재하는 작은 것들일 때가 많습니다.

기획이라는 것 역시 무엇을 얼마나 거대하게 쌓아 올리냐의 승부가 아니라 손가락 사이로 빠져나갈 법한 미세한 것들을 누가 더 잘 발견하고 잘 활용하느냐의 싸움이니까요. 뿌리나 줄기처럼 자리한 큰 것들로부터 뿜어져 나오는 아우라도 좋지만 아침저녁으로 내리는 이슬들이 쌓여 나름의 온전한 물방울 하나를 완성해가는 걸 보는 것도 여간 재밌는 게 아니죠.

그런 의미에서 저는 우리 삶에도 작은 철학이 더 많아지면 좋겠다는 생각을 해봅니다. 내 삶을 송두리째 맡길 수 있을 만한 큼직한 담론이나 사상에만 욕심낼 것이 아니라 순간순간 나 자신을 적당히 자극할 수 있는 작지만 현실적인 철학들을 주워 모으는 데도 관심을 가졌으면 싶거든요. 이런 습관을 가지고 있으면 낯선 환경에 놓이거나 새로운 일을 맡게 될 때도 꽤 빠르게 적응해 나갈 수 있음은 물론이고, 심지어 나를 힘들게 하는 사람을 만나거나 예상치 못한 악조건이 고개를 내밀 때 역시 조금은 더 의연하게 대처할 수 있으니까요.

그리고 저는 이게 바로 '다이내믹 스태빌리티'를 생활 속에서 실천하는 거라고도 생각하는데요, 내 인생을 관통하는 가치관을 해치지 않으려 전전긍긍하며 사는 것보다는 일상에서 마주하는 역동적인 환경에서도 그때그때 필요한 철학들을 실용적으로 써먹는 게 인생을 멋지게 비행하는 것이라는 나름의 확신이 생기더라고요. 그러니 작은 철학이란 큰 철학들을 무조건 부정하는 것이 아닌 오히려 필요할 때 바로 사용할 수 있도록 잘게 나눠 소분해둔 철학에 해당하는지도 모릅니다.

한편으로는 저 개인적으로 실천하고 있는 how-to-list 작성하기 또한 이런 생각에서 출발한 것은 아닐까 싶습니다. 아마 많은 분들이 그날 그날 무엇을 해야 하는지를 미리 메모해두는 to-do-list를 작성하고 계실 텐데요, 저는 이 to-do-list 아래에 how-to-list라는 이름의 별도 항목을 만들어서 따로 메모하는 경우가 많습니다. 즉 to-do가 무엇을 해야 하는지를 까먹지 않기 위한 용도라면 how-to는 그 일을 어떻게 하면 좋을지를 정리하는 것이라고 할 수 있고, 이 how-to-list에는 가급적 내 감정과 행동을 좋은 방향으로 이끌 수 있는 아주 단순하고 현실적인 요령들을 써놓는 거죠. 맞습니다. 일을 해결하기 위한 비법이라기보단 그 일을 더 좋게 해결할 수 있는 태도에 관한 메모에 가까운 겁니다.

이 글을 쓰는 와중에 가장 최근에 작성한 how-to-list가 무엇일지 궁금해 한번 찾아보았는데요, 그중 브랜디드 콘텐츠로 발행될 동료의 아티클 원고를 읽고 상세한 피드백을 전달해야 하는 업무에 대해 제가 이런 how-to-list를 작성해놓은 것이 눈에 띄었습니다.

- 떠오르는 감정을 풀어놓기보다 정확한 사용자 언어를 제시해주기
- 최소한의 수정이 필요한 부분일수록 더욱 디테일하게 설명해주기
- 바로 대안을 들이밀기보다 디벨롭할 수 있는 방향을 제안하기
- 잘한 부분에 대해서는 칭찬을 생략하지 않기
- 내가 쓴 피드백은 꼭 다시 읽어보고 발송하기

물론 저라고 모든 업무에 이 how-to-list를 작성하는 것은 아니지만 to-do-list만 존재할 때와 how-to-list가 같이 짝을 이룰 때는 그 결과가 확연히 차이난다는 걸 피부로 느낄 수 있습니다. 방금 설명한 예시만 보더라도 만약 제가 how-to-list를 쓰지 않았더라면 아마도 손 가는 대로, 맘 가는 대로 피드백을 작성했을 확률

이 높거든요. 그럼 그 피드백을 받은 동료 역시 제 의도를 파악하거나 수정 방향을 좁혀가는 데 있어 애를 먹었을지도 모를 일이죠.

더 놀라운 건 업무를 위해 작성한 이 how-to-list를 보고 있으면 의외로 생활 속에서도 실천해볼 수 있는 작은 가치관이 녹아 있을 때가 많다는 겁니다. 무엇을 할지를 두고, 어떤 방향이 맞을지를 함께 고민해보는 행위는 우리 삶에 작은 철학을 쌓아가는 가장 기본적인 첫걸음이라고도 할 수 있으니까요.

손에 잡히는 철학

우리에게도 익숙한 철학을 뜻하는 영단어 philosophy는 '지혜'를 의미하는 고대 그리스어 sophy에 '사랑하다'는 뜻을 가진 philo가 합쳐져서 완성된 말입니다. 그러니 우리가 알던 가치관, 세계관, 신조 등의 뉘앙스보다는 훨씬 밝고 가벼운 느낌이며 무엇보다 실생활에 딱 붙어 있다는 인상을 전해주죠. 나를 조금 더 좋은 쪽으로 이끌어갈 수 있는 그 지혜로움을 사랑하는 모든 행위가 다름 아닌 철학에 해당할 테니 말입니다.

그래서인지 요즘 들어서는 확고한 신념을 가진 사람만큼이나 생각의 옵션이 다양한 사람도 참 멋지다는 생각을 하게 됩니다.

전자가 엄청 크고 묵직한 삼지창을 든 장수라면 후자는 온몸에 없는 게 없는 장비 주머니를 멘 수리공 같기도 하거든요. 세상엔 장수의 창이 필요한 절체절명의 순간도 있지만 대개는 알콩달콩 그 상황을 잘 마무리할 수 있는 공구들이 필요한 순간들이니까요. 그 작은 공구 하나하나를 작은 지혜이자 철학이라고 생각해본다면 어쩌면 우리 인생도 더 재치 있게 풀어나갈 수 있는 것은 아닐까 싶네요.

+ 더하는 말

문득 제가 왜 how-to-list를 쓰기 시작하게 된 걸까 생각해본 적이 있습니다. 그리고 그 이유는 감정과 기분 때문이라는 사실을 어렵지 않게 발견할 수 있었죠. 저는 우리가 하루를 살아감에 있어서도 전투기 조종사 못지않게 수많은 감정의 소용돌이를 헤치며 일상을 비행한다고 생각합니다. 그러니 내 기분조차 잘 다루지 못한 상태로 어떤 일에 몰입한다는 건 매 순간을 난기류 속에서 살아가는 것과 다를 바 없겠죠. 심지어 그 과정에서 누군가에게 상처를 주거나 일을 그르치는 방향으로 나 자신을 몰아간다면 상황은 더욱 악화될 게 확실하고요.

'어떻게 살 것인가'를 논하는 철학 책에는 그토록 많은 관심들을 가지면서 정작 1분 뒤에 다가올 내 삶에 대해서는 아무런 준비도 하고 있지 않다면 그것이야말로 어불성설일 수 있으니까요. 저는 앞으로도 이 how-to-list 를 열심히 작성하며 실천하는 삶을 살아보려 합니다.

발전과
진화는
'쪼개짐'으로부터

제가 한국살이를 한 지 9년이 다 되어가는데요, 한국에서 직장을 다니며 알게 된 것 중 하나는 '일'을 구분하는 개념이 다양하지 않다는 것이었어요. 영어권에서는 job, work, task, labor, duty, employment…처럼 일의 특성이나 책임 소재에 따라서도 단어를 나누고 머리를 쓰느냐 몸을 쓰느냐, 쉽게 처리가 가능하냐 아니냐로도 그 의미가 달라지거든요. 그런데 한국 사람들은 다 '일'이라고 하는 거예요. 심지어 일이 아닌 것도 일이라고 하니 실제로 일을 엄청나게 하는 것 같은 착각마저 들었어요.

예전에 한 모임에 참여했을 때 어느 외국인 패널로부터 전해들은 이야기입니다. 그리고 그 말을 들은 누군가가 "한국 사람들은 뭐든 일이라고 생각해야 잘해요. 일이 아닌 건 그냥 노는 거라고 생각하거든요"라고 맞받아쳐서 모두가 함께 웃음을 터뜨렸던 기억이 납니다.

저 역시 그 웃음에 동참하긴 했지만 개인적으로는 이 두 사람의 대화에서 작지 않은 충격을 받았어요. 굳이 번역하자면 우리말로도 다 옮길 수 있는 단어들인데 왜 우리는 모든 것을 뭉뚱그려 일이라고만 표현하는 걸까? 왜 일하지 않는 건 노는 거라고 치부하고 왜 일이라고 생각해야만 더 잘하려고 드는 걸까? 농담처럼 주고받은 말 속에서 그동안 제가 가지고 있던 일에 대한 관념이 한 꺼풀 벗겨지는 듯한 느낌을 받았기 때문이죠. 말로만 '일을 더 잘하고 싶다', '일과 삶이 서로 좋은 관계에 놓이길 바란다'고 떠들어댔지 정작 일 자체를 이렇게 깊이 있게 생각해보진 못했으니 말입니다.

더 나은 것을 만들기 위해선

간단한 밸런스 게임을 한번 해보겠습니다. 만약 어떤 프로젝트를 진행함에 있어 다음과 같은 두 가지 옵션이 주어진다면 여러분은 어떤 선택을 하실 것 같나요? 1번은 모든 것을 맨땅에서부터 새로 시작해야 하는 프로젝트이고 아무도 가본 적 없는 길을 가야 하는 일입니다. 반대로 2번은 기존에 존재하던 것을 보완하거나 리뉴얼해서 더 나은 결과물을 내야 하는 프로젝트죠. 좋은 레퍼런스가 있긴 하지만 전작을 뛰어넘을 만한 걸 내놓아야 하는 부담감을 안게 된 상황인 겁니다.

질문 자체는 간결하지만 사실 제 주변 사람들에게 물어봐도 선뜻 답을 내리진 못하더라고요. 하지만 비율로만 따지면 1번을 선택한 쪽이 훨씬 많았습니다. 왜 2번을 선택하지 않았냐고 물어보면 대부분 기존의 성공을 넘어서기는커녕 재현하는 것만으로도 압박감이 크게 느껴질 거라고 답했죠. 저 역시 비슷한 생각을 했습니다. 돌이켜보면 밭을 일구듯 처음부터 다져나가야 하는 일 역시 힘들지만 이미 세상에 존재하는 것을 더 낫게 만든다는 건 정말 만만치 않은 일이더라고요. 그럴 때면 왜 가수가 후속곡을 고르는 데 힘들어하고, 왜 드라마 제작자들이 시즌 2를 만드는 데 더 큰 창작의 고통을 느끼는지 어렴풋하게나마 이해가 되기도 했죠.

세상에 쉬운 일을 찾기가 더 어려운 것이 사실이지만, 그중에서도 기존의 것을 발전시키는 게 유독 녹록지 않은 이유는 크게 두 가지일 겁니다. 하나는 이전의 결과물에서 무엇이 좋았고 무엇이 아쉬웠는지 명확하게 구분해내는 게 쉽지 않기 때문이죠. 비록 큰 성공을 거둔 사례라 하더라도 그 성공을 공식화시키는 것은 실현 불가한 미션에 가깝거든요. 똑같은 법칙을 적용해보려고 해도 이미 그 시간 동안 많은 것들이 달라져 있음은 물론이고 눈에 보이지 않는 아주 작은 부분까지 완벽하게 재현한다는 것 또한 고난이도 작업에 해당하니까요.

다른 하나는 무엇을 유지하고 무엇을 바꿀 것인지에 대한 의사결정 문제입니다. 저도 회사에서 뭔가를 리뉴얼하거나 리브랜딩하는 일을 많이 하게 되는데 그때마다 '남길 건 남기고 바꿀 건 바꾸면 되지'라는 그 말이 그렇게나 막막할 수 없습니다. 게다가 막상 들여다보면 갖은 이유로 모든 게 다 중요해 보이기 시작하죠. 마치 공항에서 짐을 부칠 때 캐리어 무게가 초과되면 '더 이상 뺄 게 없는데… 이거 나한테 다 필요한 건데…'라는 생각이 드는 것처럼요.

이런 경험들이 여러 차례 반복된 탓인지 제겐 작은 학습효과가 하나 생겼습니다. 바로 무엇인가를 새롭게 바꾸고자 할 때는 일단 기존의 것을 해체하는 작업이 먼저라는 사실을 알게 된 거죠. 혹시 오해하실까 봐 말씀드리는 건데 이건 단순히 기존의 것을 허물거나 뒤집으라는 의미는 아닙니다. 블록을 이용해 새로운 성을 쌓으려면 기존의 성을 모두 분해해서 블록 하나하나를 다 떼어내야 하듯 그동안 우리가 했던 결과물들을 처음 상태로 쪼개고 해체하는 작업이 필요하단 얘기죠. 그래야 시즌 2를 만들 때 기존 것들 중 무엇을 살릴 수 있고 또 무엇을 버릴 것이며, 무엇을 새롭게 마련해야 하는지가 보이니까요. **요약하자면 발전도 진화도 결국 쪼개짐으로부터 시작되는 것이라고 할 수 있습니다.**

쪼개본 사람만이 알 수 있는 것들

인류가 비약적인 발전을 이루기 시작한 역사적 모멘텀에는 몇 가지 중요한 사건이 존재합니다. 그중에서 빠지지 않고 등장하는 것이 바로 일상적 물질의 가장 작은 단위인 '원자'의 발견이죠. 화학 반응을 통해 더 이상 쪼갤 수 없는 단위가 있다는 사실을 확인한 이후 세상은 수많은 가능성을 발견하기 시작했습니다. 각 원자의 구조와 특성을 이해함은 물론이고 어떤 원자들끼리 결합시켜야 어떤 결과를 만들어낼 수 있는지를 알게 됨에 따라 그동안 몰랐던 세상의 비밀들을 아주 다양하게 풀 수 있게 된 거죠.

하지만 이런 개념은 비단 물리학에만 적용되는 것은 아닙니다. 저처럼 기획 일을 하는 사람이건 혹은 꼭 기획을 하지 않아도 뭔가 새로운 것, 더 나은 것을 만들어내야 하는 사람들에게는 모두 해당되는 것일 수도 있거든요.

만약 여러분 주변에 누군가가 아무도 생각하지 못했던 것을 떠올렸다거나 다른 사람은 풀지 못한 난제를 해결했다면 그건 아마도 기존 것들을 집요하게 해체하는 과정에서 얻어진 결과물일 가능성이 높습니다. 즉 더 이상 쪼갤 수 없는 단위까지 다 분해해본 뒤에 그것이 어떻게 구성되어 있고 어떻게 작동하는지를 파악한 다음 어떤 것들끼리 새롭게 결합시켜볼까 고민해봤다는 얘기죠.

이 과정이 잘 와닿지 않는다면 다른 분야들로 고개를 돌려보면 금방 이해가 되실 겁니다. 이제는 실제와 거의 구분하기 힘들 정도까지 발전한 그래픽 기술 역시 사실은 프레임을 정교하게 쪼갬으로써 진화한 영역이거든요. 더 작은 픽셀 하나, 더 짧은 프레임 하나에까지 개입할 수 있게 되면서 이른바 생동감이라는 가치를 장악할 수 있었으니까요.

스포츠 분야도 마찬가지입니다. 과거에는 타고난 재능이나 불굴의 의지라고만 생각했던 많은 부분들이 지금은 훈련을 통해 성장 가능한 역량이라는 게 입증되었습니다. 신체의 움직임은 물론 뇌의 활성화 상태까지 극한의 단위로 분석을 반복하며 무엇을 어떻게 개선해야 더 나은 퍼포먼스를 보일 수 있는가를 밝혀냈기에 가능했죠. 얼핏 생각하기엔 새로운 뭔가를 추가해서 얻어낸 결과물 같지만 실상은 기존의 것을 더 깊은 단위까지 이해해 나가는 길목에서 얻어낸 결과물이었던 겁니다.

그리고 저는 초반에 소개한 그 외국인 친구의 사례도 크게 다르지 않다고 생각합니다. 그가 '왜 일이 아닌 것도 일이라고 할까?'라는 생각을 할 수 있었던 건 일의 단위를 잘게 쪼개서 이해해본 사람만이 가질 수 있는 의문이거든요. 그래야 다양한 각도에서 일을 조명할 수 있고 어떻게 접근해야 하는지를 알 수 있으니까요. 반대로 일을 해체해서 바라보는 데 익숙지 않았던 우리 문화권에서는 일하지 않는 상태는 그냥 쉬거나 노는 것이라고밖에 표현할 수 없었던 건지도 모릅니다.

이처럼 어떤 대상과 마주하더라도 그 구성 입자를 모르면 특성을 파악할 수 없고 단위를 구분하지 못하면 크기를 가늠할 수 없습니다. 뭔가를 더 낫게 만들고 싶다면 우선은 기존의 것들을 쪼개봐야 한다는 교훈을 다시금 얻게 되는 순간이죠.

해체주의자 선언

여러 사람과 일을 할 때, 특히 그중에서 내가 의사결정권을 가진 입장일 때 우리는 셀 수 없이 많은 갈등과 직면하게 됩니다. 모든 일을 내가 다 알 수 없고, 할 수 없으며, 심지어 어떤 부분에까지 관여하고 어떤 부분에서 권한을 넘겨야 할지 등 가치 판단을 내려야 하는 일도 부지기수니 말이죠.

하지만 그런 상황에서도 유독 눈에 띄는 사람들이 있으니 그들이 바로 (좋은 의미로서의) '해체주의자'들입니다. 이미 본인이 맡은 업무를 더 이상 쪼개기 힘든 수준으로까지 쪼개본 다음 그 원자 하나하나를 직접 손에 들고 있다는 게 느껴지거든요. 더불어 원자들을 어떻게 활용해야 더 훌륭하게 발전시킬 수 있는가에 대한 나름의 대안까지 가지고 있기 때문에 그런 사람들에게는 당연히 자유와 권한이 많이 부여될 수밖에 없습니다. 똑똑해서, 뛰어나서, 남달라서 신뢰하는 게 아니라 작은 단위까지 이해하고 있기에 믿을 수 있는 거죠. 아마도 그 사람보다 더 깊이, 더 자세히 그 세상을 들여다본 사람은 없을 테니 말입니다.

제게도 역시 해체 작업과 관련한 일화가 있습니다. 5년 전쯤 회사의 두 번째 사옥을 짓고 브랜딩하는 과정에서 사옥의 새 이름을 비롯해 그 공간 안에 담기는 모든 명칭들을 네이밍해야 하는 업무가 주어졌거든요. 그런데 이 프로젝트 또한 앞서 밸런스 게임에서 소개한 2번의 유형처럼 제1 사옥이라는 기존의 유산 위에 새로운 결과물을 쌓아 성공시켜야 하는 과제에 해당했습니다. ('차라리 첫 번째 사옥이었더라면…'이라는 생각을 정말 몇 번이나 했는지 모르겠네요.)

결국 저 역시 기똥찬 네이밍을 하겠다는 포부는 저 멀리 미뤄두고 끝없는 해체 작업에 돌입했습니다. 매일같이 1 사옥 구석구석을 돌아다니며 소위 '이름'으로 쓰이는 모든 단어들을 긁어모았거든요. 물리적으로 표기되어 있는 이름과 사람들이 구두로만 부르는 이름, 공간의 위치와 개념이 정확한 이름부터 대략적인 의미로만 통용되는 이름까지. 이 모든 단어들을 정리해보니 한 건물

안에서 쓰이는 이름만 수백여 개에 달하더군요.

그리고 저는 이 이름들을 기반으로 두 번째 사옥에 필요한 새로운 이름의 수요를 다시 조사하고 어떤 방식으로 공간을 네이밍할지 일관된 규칙들을 만들어갔습니다. 그렇게 1년에 가까운 작업 뒤에는 건물의 이름과 세부 공간 하나하나에 해당하는 모든 이름들을 완성할 수 있었죠. 때문에 건물이 완공된 지 한참이 지난 뒤에도 네이밍과 관련된 질문이 생기면 다들 어김없이 저를 찾기 시작했습니다. 그건 제가 네이밍에 엄청난 역량을 가지고 있어서가 아니라 모든 이름을 쪼개서 해체한 후 다시 만들고 조립해본 사람이어서였죠.

나아지고 있다, 나아가고 있다

세상에는 자기가 이해한 것들만 가지고 그게 본질이라 외치는 사람들이 있습니다. 본인이 좋아하는 아주 일부의 대상만을 바라보며 그게 관점이라고 주장하는 사람들도 있죠. 뭐 그 정도만 해도 사실 꽤 괜찮은 성과를 일굴 수 있고 대중으로부터 사랑받는 포인트를 완성할 수도 있을 겁니다. 그러나 진정한 의미의 발전과 진화를 꿈꾼다면 그때는 필연적으로 해야 하는 작업들이 존재합니다. 그리고 저는 그걸 해체라는 개념에서 찾고 있는 것이겠죠.

몇 년 전부터 많은 이들이 질적으로나 양적으로나 엄청난 강도로 리서치하는 행위를 두고 '디깅digging'이라는 말을 쓰기 시작했습니다. 하지만 정확히 말하자면 이 디깅의 끝도 어디까지 파봤느냐라는 개념보다 어디까지 쪼개봤느냐라는 개념으로 접근했을 때 내가 무엇을 어떻게 디깅해야 할지 조금 더 명확하게 이해할 수 있습니다. 바닥의 끝이 어디인지는 저마다의 해석이 달라 늘 논란을 낳지만 더 이상 가를 수 없는 가장 작은 단위까지 들여다봤다라는 건 적어도 서로의 합의점을 찾을 수 있는 목표거든요. 그때부턴 그 작은 원자들을 어떻게 활용할 것인지에 대한 논의도 비교적 쉽게 이어갈 수 있죠.

그리고 이건 개인적인 견해이긴 하지만 저는 쪼개본 사람만이 가지는 경험과 인사이트가 결국 기획의 힘을 길러주는 데 아주 큰 도움이 된다고 생각합니다. 해체를 해본 사람의 머릿속엔 흡사 전개도 같은 커다란 그림 한 장이 자리할 수밖에 없거든요. 그렇게 한 번이라도 전체를 이해해본 사람이 또 다른 그림을 그릴 때 경쟁적 우위를 차지한다는 사실은 굳이 강조하지 않아도 잘 아실 겁니다. 단 1센티미터라도, 단 1그램이라도 뭔가를 개선시켜본 사람들의 성장은 이처럼 디테일한 법이죠.

그러니 너무 어려워서 못 해 먹겠다며 자책을 이어가다가도 멋진 기획물을 보면 언제 그랬냐는 듯 금방 가슴이 두근거리는 이유 역시 이 지점과 맞닿아 있는 것은 아닐까 싶어요. 부수고 다시 짓고, 해체한 다음 또 연결해보는 과정에서 조금씩 나아지고 있다, 나아가고 있다는 그 작은 확신과 위안을 얻는 지점 말입니다. (그리고 기획과 블록 놀이가 진짜 비슷하다고 생각되는 게 그렇게 힘들게 완성했으면서도 다음엔 더 높은 난이도에 도전해보고 싶은 마음이 생긴다는 사실이거든요. 때문에 요즘은 애초에 부수려고 짓는다는 생각으로 기획을 하며 수많은 부담감들로부터 조금은 벗어나보려고도 애쓰고 있습니다.)

+ 더하는 말

감상적인 표현일지 모르지만 저는 세상이 발전한다는 건 한편으로는 세상이 더 선명하고 또렷해지는 거라고도 봅니다. 호기롭던 시절에는 '나도 세상에 멋진 결과물을 많이 남길 수 있으면 좋겠다!'라고 생각하던 때도 있었지만 지금은 그 희망이 살짝 달라진 것도 같아요. '나와 같은 세대를 사는 사람들, 혹은 그다음 세대를 살아갈 사람들이 좀 더 선명하게 세상을 볼 수 있도록 해상도를 끌어올리는 작업에 동참하겠다' 정도로 말입니다. 그리고 저는 개인적으로 리뉴얼된 이 목표가 더 마음에 들어요. 전에는 안 보이던 것을 볼 수 있게 하고, 여태껏 몰랐던 것을 알게 해준다는 건 결코 간단한 일도, 말처럼 쉬운 일도 아니니까요.

프로들의
오답 노트는
조금 달라야 해요

롤 모델은 없어도 논-롤 모델Non-role model은 있다.

　누군가의 장점을 보고 배우는 것에는 소극적일지 몰라도 내가 봐도 참 별로인 사람의 단점만큼은 결코 닮지 않겠다는 강한 의지가 드러나는 말이죠. 사실 이건 제게도 해당되는 말이긴 합니다. 저 또한 누군가의 좋은 점을 봤을 때 그걸 내 것으로 만들어야겠다는 생각보다 누군가의 치명적인 오류를 발견했을 때 절대로 그런 단점을 따라 해서는 안 되겠다는 생각이 훨씬 크거든요. 갖가지 이유로 살짝 느슨해지려 할 때, 그 흐트러진 마음을 다시금 부여잡게 하는 데 있어서도 확실히 논-롤 모델의 역할이 더 중요한 것 같고요.

그래서 이번 글을 통해서는 제가 경험한 논-롤 모델들의 사례를 바탕으로 우리는 어떤 모델이 되어야 하는지에 대해 이야기해 보고자 합니다. 조금은 부끄러운 이야기일 수도 있고 어쩌면 더 날것의 생각들일 수도 있지만 이 또한 저를 한 움큼 더 성숙하게 만들어준 '기획의 말들' 중 하나이니 용기 내서 꺼내보려고요.

까인 아이디어와 마주하는 법

제겐 조직문화의 논-롤 모델이었던 인물이 한 명 있었습니다. 조직원들로부터 신뢰를 얻지 못하는 다양한 요인을 가진 사람이었는데 그중에서도 제가 가장 큰 문제라고 생각했던 부분은 다름 아닌 조직원들의 의견을 원천적으로 제한하는 행동 때문이었죠.

'대안이 없으면 비판도 하지 말라.' 이게 바로 그분의 핵심 주장이었거든요. 조직을 이끄는 위치에 있는 사람이 '지금 당장 문제를 해결할 방법을 제시할 수 없다면 어떤 부정적 의견도 내지 마라'라고 하는 건 사실상 모든 사람들의 눈과 귀를 막고 손과 발을 묶는 행위와 다를 바 없었습니다. 실제로 많은 구성원들이 조직 내 문제점들을 직시하고 있었으면서도 '그래서 해결 방법은요?'라고 돌아올 질문에 답할 용기가 없어 문제를 쉬쉬하거나 아예 논의 대상에서 제외해버리곤 했거든요.

논-롤 모델이 큰 힘(?)을 발휘하는 건 바로 이런 지점에서인 것 같아요. 그저 '아우, 정말 너무너무 싫은 사람이다'라고 절레절레 고개만 가로저을 것이 아니라 '대체 저 사람은 왜 저런 생각을 가지게 된 것일까? 그럼 저 사람이 원하는 대안이라는 것은 무엇이고 어느 정도 수준일까?' 같은 질문들을 던지게 만들기 때문이죠. 나아가 이런 과정은 논-롤 모델을 벗어나 우리로 하여금 새로운 문제 하나를 설정해보게 한 뒤 그에 맞는 적절한 해답을 찾는 길로 자연스레 안내해주기 마련입니다.

그때쯤 제 시선은 이른바 '까인 아이디어'에 머물러 있었습니다. 말이 좀 투박하긴 하지만 "아, 그 아이디어 대차게 까였어요"라는 말이 일상인 세계에선 사실 이 표현을 대체할 단어는 없다는 생각이 들더라고요. 일을 하다 보면 어떤 형태로든 자신이 제시한 의견이나 아이디어가 거부당하는 경험을 필연적으로 하게 되니까요. 그저 회의 때 툭 하고 던진 의견이 합당한 논리나 근거에 의해 까이기도 하고, 몇 날 며칠 고민해서 작성한 기획안이 의사결정자 개인의 취향에 따라 까이기도 하죠. 이런 일들이 반복되다 보면 자연스레 주눅이 들고 때론 씩씩거리며 화도 내게 되지만 또 언제 그랬냐는 듯이 다시 생각을 정리하고 있는 저 자신을 발견할 때면 이게 직장인에게 주어진 숙명인가 보다 싶을 때도 많습니다.

하지만 그런 경험치가 쌓이다 보니 이제 조금 다른 접근이 필요하다 싶었어요. 아직 실행해보지 않은 것을 두고, 그저 서로의 생각 차이로 인해 거부된 아이디어라면 그에 대한 대안들을 한번 정리해 나가야겠다는 생각이 들었던 거죠. 앞서 소개한 논-롤 모델이 윽박지르듯 요구했던 대안이 '지금 방법 말고 다른 뾰족한 수 있어?'라는 의미였다면 제가 정리해야 할 대안들은 '어떤 부분들이 보완되었더라면, 어떤 방향으로 풀어나갔더라면 이 아이디어가 까이지 않을 수 있었을까?'라는 추리형 가정을 해보는 것이었습니다.

ALT NOTE 만들기

제가 고안한 방법은 아주아주 간단한 것이었는데요, 이른바 대안 노트라고 할 수 있는 ALT NOTE_{alternative note} 포맷을 만든 것이었습니다. 그리고 이 ALT NOTE에 기록할 대상을 고르는 데는 명확한 원칙 하나가 있었죠. 바로 한 방에 나가떨어진 아이디어나 제가 생각해도 합당한 근거에 의해 거부당한 아이디어 대신 어느 정도 토론을 거치다가 특정한 지점에서 가로막혀 채택되지 않은 아이디어, 혹은 의사결정자인 상대방도 확신이 없어서 내려놓게 된 아이디어들을 기록해보자는 것이었습니다.

그러고선 다시 두 가지 방향에서 나름의 생각을 정리해보았죠. 하나는 일단 아이디어가 까였다는 그 현실을 잠시 제쳐두고 '만약 내 아이디어가 채택되었다면 그다음엔 어떤 과정들이 펼쳐졌을까?'를 예상해보는 것이었습니다. 그럼 정말 그 아이디어가 결과적으로 실행하기 어려운 방법이었을지 나름의 시뮬레이션을 할 수 있었거든요. 더불어 그때 운 좋게 한 고비를 넘겼더라도 그다음 지점에서는 또 까일 수밖에 없었겠구나 하는 자기반성을 하게 되는 때도 많았고요.

반면 의사결정자의 취향이나 확신의 문제로 거부된 아이디어들에 대해서는 오히려 그 아이디어가 추가로 공격받았을 법한 예상 질문들을 리스트로 만들어보았습니다. 만약 이런 질문들에 답을 할 수 있었거나 이런 염려에 대한 해결책을 가지고 있었더라면 아이디어가 채택될 수도 있지 않았을까라는 일종의 추가 옵션을 마련하는 방법이었죠.

주어진 일만 하기에도 바쁜데 굳이 이런 노력까지 해야 하나 싶기도 하지만 사실 저도 좋아서 했다기보다는 아쉬움에서 ALT NOTE를 쓰기 시작했다고 보는 게 정확합니다. 제겐 화남, 슬픔, 서운함, 자존심 상함보다도 아까움이 먼저였거든요. 가만히 생각해보면 까인 아이디어들 중엔 약간의 조합이 잘못되었을 뿐 그 조각조각은 꽤 쓸 만한 부분들도 있었고, 당시에는 좀 미흡했지만 먼지를 탈탈 털고 고장난 부분까지 고치면 다시 한번 어필해볼 수 있는 아이디어들이 많았기 때문이죠.

그런데 예상 밖의 순간에서 이 ALT NOTE가 조금씩 위력을 발휘하기 시작했어요. 사실 저는 ALT NOTE를 리뷰하는 과정에서 단 한 번도 '와! 드디어 해결법을 찾았다. 진작 이렇게 해볼걸!'이라고 나 홀로 유레카를 외쳤던 적은 없었거든요. 대신 다른 회의를 하다가 예전에 간단히 메모해둔 ALT NOTE가 기억나서 '아, 저… 예전에 제가 까였던 아이디어가 있는데요…' 하며 말을 꺼내면 사람들이 거기에 예상외로 흥미를 보일 때가 많았죠. (어쩌면 까인 아이디어라는 그 워딩에 주목했을 수도 있고요… 타인의 불행은 곧 나의 행… 아닙니다. 암튼….)

그렇게 이야기를 이어가다 보면 '어? 근데 난 그 아이디어 좋은데?'라고 말해주는 사람들이 간간이 등장했고, 꽤나 진심으로 왜 그 아이디어가 채택되지 않았는지 궁금해하는 사람들도 생겨났습니다. ALT NOTE의 진짜 힘은 바로 거기서부터 발휘됐죠. 만약 제가 그 물음에 '몰라요. 그때 보고받는 분이 기분이 좀 안 좋았나 봐요'라거나 '근데 솔직히 제가 봐도 별로였어요. 안 까이는 게 더 이상하죠'라는 식으로 대답했다면 맥없이 대화가 종료되었겠지만 '그래서 제가 이 아이디어가 채택되었다는 가정하에 생각을 한번 이어가봤는데요'라고 말하면 사람들은 그 스토리에 훨씬 더 빠져

들기 시작했거든요. 마치 패자부활전의 기회를 얻은 친구에게 뭐라도 도움이 되어주고픈 마음으로 말이죠.

그리고 실제로 꽤 많은 접점에서 이 ALT NOTE에서 건져올린 아이디어가 재활용되었습니다. 물론 그 과정에서는 동료들이 던져준 추가 의견은 물론이고 적당한 타이밍과 운때도 한몫했음이 분명하지만 돌이켜 생각해보면 그래도 저 나름의 대안을 정리해놓은 것 역시 작은 도움은 되었다고 보거든요. 무엇보다 내 아이디어가 무너진 지점을 잘 기억하고 다시 그 지점과 마주쳤을 때 어떻게 대응할지를 계획하고 있다는 건 제 입장에서도 아이디어를 다시 활용할 수 있는 소중한 기회였으니 말이죠.

정답일까? 오답일까?

이쯤에서 또 다른 논-롤 모델을 하나 소개해보겠습니다. 사실 이번엔 특정한 누군가가 아니라 하나의 유형에 관한 이야기라고도 할 수 있겠네요.

가끔 책이든 칼럼이든 아니면 개인 SNS에 올리는 글이든 간에 오직 타인의 실패를 포인트 삼아 그 원인을 분석하는 데만 열을 올리는 사람들이 적지 않습니다. 정당한 비판을 하는 거야 얼마든지 가능하지만 그저 실패 사례들만 수집하며 '나라면 그렇게 안

했을 텐데'라는 결과론적 시각을 견지한 채 주목을 끌려는 사람들을 보면 마음이 편치 않은 게 사실이죠. 그렇습니다. 이는 앞서 소개한 논-롤 모델에 정확히 반대되는 개념이라고 할 수 있습니다. 전자가 대안이 없다는 핑계로 논의조차 이뤄지지 못하게 하는 케이스라면 후자는 모든 상황이 종료되고 나서야 그 과정을 복기하며 철 지난 예언가 행세를 하는 부류니까요.

제가 재수학원을 다니던 때니 이제는 수십 년도 더 된 얘기네요. 하지만 제겐 마치 어제 일처럼 생생하게 기억나는 장면이 하나 있습니다. 학원에서 모의고사를 본 다음 날 당시 수학을 가르치던 선생님께서 저희에게 이런 말씀을 해주셨거든요.

> 너희 오답 노트 많이 쓰지? 근데 틀린 문제를 잘 정리하는 것만 오답 노트가 아니야. 본인이 맞힌 문제도 다시 한번 풀어보면서 하마터면 내가 실수할 뻔한 부분이 없었는지 재점검하는 것도 오답 노트야. 틀릴 뻔했다는 건 언제든 다시 틀릴 수 있다는 얘기니까.

그리고 나서는 새로운 채점 방식 하나를 알려주셨습니다. 흔히 정답을 맞힌 문제는 원을 그리고 틀린 문제는 가위표나 사선을 그리는 게 일반적인데 선생님께서는 반원을 그리는 방식을 도입한 겁니다. 쉽게 말해 완벽히 이해해서 정답을 맞혔거나 비슷한 문제가 나와도 실수하지 않을 자신이 있을 때만 동그라미를 그리고 조금이라도 애매하면 반원을 그리라는 거였죠. 요즘 같아서는 초등학생들에게도 잘 먹히지 않을 방식인지 모르겠지만 제게는 신선한 충격을 안겨준 오답 노트였습니다. 수십 년이 지난 지금까지도 저는 이 '반원을 그린다'는 개념을 참 좋아하기 때문이죠.

반원 그리기

운을 평계로 대려는 것은 아니지만 살다 보면 실제로 나에게 좋은 기운이 올 때도 있고 그렇지 않을 때도 있습니다. 일이 잘 풀리려면 아주 어려운 과제를 맡더라도 마치 주위에서 나 잘되라고 으쌰으쌰 등 떠밀어주는 것 같은 상황이 연출되고, 진짜 안 풀릴 때는 컵라면에 끓는 물 붓는 정도의 쉬운 일도 내 맘대로 되지 않는 순간이 있죠. 차라리 시험 한 번 못 본 것이라면 실력이나 노력을 탓하겠지만 나름의 최선을 다했는데도 불구하고 예상치 못한 걸림돌들에 맥없이 쓰러질 때는 오만가지 생각이 눈앞에 아른거리기 마련입니다.

하지만 저는 이럴 때일수록 온전한 동그라미를 그릴지 아니면 반원을 그리고 넘어갈지 결정하는 게 무척 중요하다고 생각합니다. 먼 데서 찾을 것 없이 저 개인의 지난 시간만 돌이켜봐도 정말 모든 것을 내 힘으로, 작은 것 하나도 틀리지 않고, 마지막 마무리까지 아주 깔끔하게 끝낸 일이 몇 개인지 세어보라고 하면 과연 열 손가락을 채울 수 있을까 싶거든요. 설사 관심과 칭찬을 받았던 일이라고 하더라도 그 일들의 채점표에는 반원은커녕 반의 반원을 그리기도 민망한 경우가 참 많았던 것 같고요.

뭐 겸손을 떨려고 하는 얘긴 아닙니다. 잘 알다시피 우리는 누군가의 반원을 채워주는 역할도 동시에 하고 있으니까요. (저라고 남에게 도움되는 순간이 단 한순간도 없지는 않았을 테니 말이죠….)

하지만 적어도 우리가 하나의 사안을 바라볼 때 가끔은 오답노트의 관점으로 다가갈 필요는 있어 보입니다. 어떤 대상이 승승장구하며 각광받는 시기엔 그 흐름에 올라타 입에 침이 마르도록 칭찬에 열을 올리고, 반대로 조금이라도 기세가 기울면 '내가 뭐라고 그랬어. 쟤네들 위험하다 했잖아'라는 결과론을 들이미는 것은 언제든 같은 입장에 놓일 수 있는 우리에게 어울리는 화법은 아니라는 생각이 들거든요.

대신 정말 잘나가는 기업이나 브랜드, 상품이나 서비스가 있다면 '저들이 지금 놓치고 있는 것은 뭘까? 저런 결과를 가능하게 만든 것 중에 본인들만의 역량이라고 하기에 애매한 것은 무엇일까?'를 살펴보는 게 정말 중요할 겁니다. 반대로 바닥 모르고 추락하는 대상을 향해서도 '그래도 내가 저들 사이에서 마지막 교훈이라 여기고 건져낼 만한 것은 없을까?'라는 태도를 유지해보는 것도 매우 의미 있죠. 그래야 우리 역시 스스로를 긴장시키고 각자가 해야 할 일들을 더 잘 챙길 수 있을 테니까요.

저 또한 처음 반원의 개념을 알았을 때는 그저 앞으로 문제를 틀리지 않기 위한 철저한 준비 정도로만 생각했었는데 시간이 흐를수록 이 반원의 나머지를 채워주는 것들에 대한 고마움을 발견하는 것도 참 즐겁고 행복한 일이라는 사실을 깨달았습니다. 물론 그중엔 타인의 아픔에서 얻게 된 눈물 자국 선명한 교훈들도 있지만, 이 역시 비즈니스 세계의 문법이라는 걸 감안하면 오히려 더 이 꽉 깨물고 한 자 한 자 눌러써 기억해야 하는 것은 아닌가도 싶었죠.

프로와 아마추어

여러분은 프로와 아마추어의 차이를 어떻게 구분하시나요? 경력이 많으면 프로고 그렇지 않으면 아마추어일까요? 무한 책임을 지면 프로고 발만 살짝 담그고 있으면 아마추어일까요? 이 둘을 두부 가르듯 구분하기는 어렵겠지만 제겐 나름의 판별법 한 가지가 있습니다. 바로 상대로 하여금 돈, 시간, 관심 중 단 하나라도 쓰도록 만들고 있다면 누구나 자신을 프로페셔널이라 여겨야 한다는 것입니다. 흔히 비용을 지불하냐 하지 않느냐로 비즈니스 형태를 구분하기도 하지만 사실 사람마다 각자가 소중하게 대하는 재화는 모두 다릅니다. 때문에 친구들 앞에서 과제 발표를 하는 학생 역시 타인의 시간을 쓰게 한다는 점에서 자신을 프로라고 생각해야 하고, 사람들의 관심을 유발하는 작은 전단지 하나를 나눠주는 일도 누군가의 에너지를 끌어당긴다는 측면에서 프로페셔널의 영역이 아닐 수 없습니다. 그러니 프로와 아마추어의 차이는 외형적 조건보다는 기본적인 마음가짐으로 구분되어야 하는 거죠.

그런 의미에서 프로들의 오답 노트 역시 조금은 달라야 한다고 생각합니다. 롤 모델을 마냥 부러워하며 그들의 궤적을 고스란히 따라가려는 것도, 논-롤 모델에 치를 떨며 그의 방식을 모조리 부정하는 것도 프로의 입장에서 배우고 익히기에 적절한 방법은 아니기 때문이죠.

오히려 정답이라고 생각한 문제도 그 안에 모자란 부분을 조금이라도 더 채울 수 있게 반원을 그리며 넘어가는 사람들이 훨씬 프로다울지 모릅니다. 타인에게 부정당한 아이디어라고 해서 너무 쉽게 단념해버리거나 혹은 의사결정자의 디렉션만을 무분별하게 수용하는 대신 자기만의 ALT NOTE를 차근차근 써보는 게 아마추어의 모습에서 벗어나는 방법일 수도 있고요.

때문에 저는 이제 못마땅한 사람을 보든 혹은 제 기대와 다른 결과와 마주하든 간에 조금은 초연한 마음으로 현실에 집중할 수 있게 된 것 같습니다. '괜찮다. 오답 같은 사람에게도 추려내야 할 교훈이 있고, 정답이라고 생각했던 것들에도 메꿔야 할 부분은 반드시 있으니까'라는 생각으로 말입니다.

+ 더하는 말

《우리 중 하나》,《로스트 레이디》같은 위대한 작품을 남긴 소설가이자 퓰리처상 수상자이기까지 한 작가 윌라 캐더의 말입니다.

"동경을 멈추고 기억하기 시작한 순간, 나를 위한 삶이 시작됐다."

그리고 저는 이 말에 나름의 한 문장을 보태보고 싶습니다.

'비판에 머물지 않고 보완하기 시작한 순간, 오답은 정답이 되어가기 시작했다.'

Part 5.   내일을 기대하게 만드는 말들

이제 곧
후반전이
시작됩니다

첫 책이었던 《기획자의 독서》를 출간하고 난 뒤 감사하게도 같은 이름의 독서 모임을 시작할 수 있는 기회가 주어졌습니다. 덕분에 만 3년 넘게 독서 모임을 운영하며 소중한 분들과 매달 다양한 키워드를 중심으로 읽고, 쓰고, 이야기하는 시간을 가지고 있죠.

하지만 제가 독서 모임에 새로 참여하는 분들께 늘 똑같이 당부드리는 말씀이 하나 있습니다. 바로 '여기를 본진本陣처럼 생각하지 말아달라'는 것입니다. 요즘은 직장 생활이나 개인 사업을 하면서도 외부 커뮤니티 활동을 겸하는 분들이 정말 많습니다. 그중에는 단순 취미 활동을 전제로 하는 곳도 있지만 일에 대한 고민을 함께 나누고 개인의 역량과 생산성을 높이는 것을 목표로 하는 곳도 있죠. 그런 사람들이 모여 시너지를 내다 보면 자연스럽게 각자가 가진 갈증이 조금은 해소되고 또 걱정하던 문제에 대한 작은 실마리를 얻기도 합니다.

다행히 저희 멤버분들 중에서는 아직 그런 분을 보지 못했지만 간혹 자신이 속한 커뮤니티에 대한 애정이 큰 나머지 마치 그곳을 본진처럼 생각하는 분들을 만나곤 합니다. 즉 '회사 사람들은 내 마음을 잘 몰라주는데 여기 와서 이야기하다 보면 말도 잘 통하고 배우는 것도 많다'고 생각하는 거죠. 뭐 이 정도야 큰 문제가 되진 않지만 조금 더 심해지면 '그들은 틀렸고 이들이 맞다', '회사에서만 인정을 못 받을 뿐 다른 곳에서는 다 날 좋아해준다'라는 관점이 굳어지는 경우도 있습니다. 그러다 보면 점점 자기가 속한 집단에 정을 붙이기가 어려워지고 결국 내가 두 발을 딛고 있어야 하는 이른바 본진에서도 멀어지고 마는 거죠.

다시, 잘 돌아오는 사람들

일 잘하는 사람들의 특징을 설명하자면 날밤을 세워도 모자라겠지만 저는 그 대표적인 공통점 중 하나가 '회귀 능력'이라고 생각합니다. 기획 일을 하는 사람들이라면 특정한 과제가 하나 주어졌을 때 이 과제를 중심으로 아주 다양한 가능성의 시나리오들을 구상해보기 마련입니다. 이때 내 주변 반경에서만 가능성을 타진하는 사람이 있나 하면 정말 생각지도 못한 곳까지 날아가서 의외의 기회를 물어오는 사람도 있죠. 비슷한 시간과 리소스를 쓰며 살 텐데 어떻게 저런 것에까지 생각이 뻗어나갈 수 있을까 싶은 사람들을 만날 때면 매번 감탄하지 않을 수 없습니다.

하지만 그보다도 더 중요한 능력이 있으니 바로 우리가 처음 논의를 시작했던 그 지점으로 빠르게 복귀할 수 있는 능력입니다. 앞서 말한 회귀 능력에 해당하는 거죠.

일에 있어 회귀를 잘한다는 건 공동의 조직 차원에서, 지극히 개인적인 차원에서 각각의 의미를 가집니다. 우선 조직 차원에서 회귀 능력이란 우리가 왜 이 여정을 떠나기로 한 것인지 그 본질을 잊지 않는다는 뜻일 수 있습니다. 회사든 사업이든 우리 모두는 각자가 해결해야 할 문제를 안고 있기 마련이죠. 그리고 지금 내 손에 들려 있는 것들로는 이 문제를 해결할 수 없기에 일종의 사냥을 시작하게 되고, 그 사냥의 결과물들은 출발 지점에서 우리가 했던 고민을 정확하고 빠르게 해결하는 데 도움을 주는 것이어야 합니다.

그러나 어떤 사람들은 자신의 여정에서 발견한 것들에 심취해 본질적인 문제와 점점 거리를 두기도 하고 또 어떤 사람들은 아예 출발 지점으로 돌아오는 길을 잊어버리기도 합니다. 왜 길을 떠났나라는 물음을 다시금 떠올려본다면 회귀 능력의 가장 중요한 요소는 어디서부터 문제가 촉발되었는지 그 시작점을 잘 이해하는 것이라고도 할 수 있죠.

한편 회귀 능력의 또 다른 의미는 자기 성장 능력과도 맞닿아 있습니다. 회귀 능력이 뛰어난 사람들은 길든 짧든 일정 기간의 여정을 마치고 다시 본래의 자리로 돌아왔을 때 어떻게든 한 뼘이라도 더 자라난 모습을 보이거든요. 그래서 같은 기간 동안 같은 프로젝트를 수행한 동료임에도 불구하고 '와, 저 사람은 내 눈에도 부쩍 역량이 증가한 게 보인다'라고 평가되는 사람들이 있죠. 문제를 해결하기 위해 떠났을지언정 자신의 손으로 새로운 가능성들을 찾아보고, 이게 진짜 우리가 고민한 질문에 답이 되어주는지를 먼저 판단해본 다음, 본진으로 돌아와 더 촘촘히 다듬고 발전시키는 단계 속에서 자기 근육 역시 크고 단단해진 겁니다. 공동의 일을 완성해가며 나 역시 함께 성장할 수 있는 가장 이상적인 사이클에 해당하는 셈이죠.

반면 본진으로 잘 회귀했음에도 불구하고 몸도 마음도 만신창이가 되어 돌아오는 사람들이 있습니다. 마치 이 프로젝트가 인생의 마지막 유작인 것처럼 피폐하고 남루해진 모습으로 본진의 문 앞에 다다라 픽하고 쓰러지고 마는 사람도 있거든요. 그럼 그가 찾아온 솔루션이 우리가 풀어야 할 문제에 꼭 맞는 황금 열쇠라고 해도 이 여정을 무한정 응원할 수는 없습니다. 우리가 이 사람을 무리하게 험지로 내보낸 것인지 아니면 본인이 스스로 에너지를 챙기는 데 실패한 것인지 인과관계를 따지는 것 자체가 모두에게 고통을 주기 때문이죠.

우리의 반환점은 어디일까

크든 작든 하나의 프로젝트를 이끄는 입장이 되어보면 압니다. 프로젝트도 잘되고, 참여한 사람들도 각자 성장할 수 있고, 그 안에서 몸도 정신도 지나치게 소모되지 않도록 한다는 게 얼마나 힘든 일인지 말입니다. 더 어려운 건 어디까지를 모두의 책임으로 두고 어디까지를 개인의 책임으로 둘지도 참 애매하다는 것이죠. 그래서 저 역시 프로젝트를 리딩하는 역할이 주어지면 과제의 성공 여부와는 별개로 모두가 무사히, 의미 있게 본진으로 복귀하도록 돕는 것에 꽤 많은 신경을 쓰게 됩니다.

이런 고민의 끝에 우연처럼 발견하게 된 노하우 하나가 있었습니다. 바로 프로젝트 전체를 전반전과 후반전으로 나눠 인식하게끔 만들어주는 것이었죠. 더도 말고 덜도 말고 전체 과업의 기준점이 될 수 있는 작대기 하나만 마련해두기로 한 것이고, 그 작대기는 시간의 개념을 빌려보기로 한 겁니다.

우선 우리는 각자 원하는 곳으로 가서 여러 가지 아이디어를 발굴해보고, 생각이 뻗어나갈 수 있는 다양한 경험도 해보고, 애초에 설정한 질문에 대해 근본적으로 고민도 해볼 수 있는 시간을 전반전으로 설정했습니다. 이 기간 동안은 최대한 본진에서 멀어져 여러 가지 시도를 하도록 독려하고, 괜한 노파심에 서로의 아이디어에 제약을 주는 발언들은 철저히 삼가기로 했죠. 그러니 전반전 동안에는 일과 개인의 관심사를 연결해보는 사람도 생겨나고, 평소 잘 모르던 분야에 새롭게 빠져드는 사람, 매일 수십 가지에 달하는 아이디어를 부담 없이 던지는 사람도 생겨났습니다. 가우디부터 일론 머스크까지, 니체의 문장과 송길영 작가님의 강의 노트에 이르기까지 전반전에 일어나는 일들은 그 누구도 종잡을 수 없는 발산의 향연이었죠.

하지만 후반전 휘슬이 울리면 우리는 모두 과감히 모드를 전환하기 시작했습니다. 아무리 멀리 여정을 떠난 사람이어도 이제 처음 고민했던 그 문제로 회귀해서 실제로 해결할 수 있는 방법을 찾고 완성할 시점임을 인정해야 했거든요. 그렇게 우리는 자루 가득 담아온 아이디어를 펼쳐놓은 채 정말 쓸모 있는 옥석만 골라내기 시작했고, 개인의 영역에 머물렀던 생각들을 모두와 함께 나누는 과정 속에서 문제도 해답도 조금씩 더 날카로워지는 것을 확인할 수 있었습니다. 사방으로 흩어졌던 사람들이 놀라운 집중력을 발휘하며 하나의 목적지를 향해 돌아오는 모습은 말 그대로 프로젝트의 결승점을 앞둔 후반전의 백미였죠.

한편으로는 사방팔방 자유롭게 아이디어 사냥을 나섰던 사람들이 어떻게 갑자기 모드를 전환해 한 가지 문제에 몰입할 수 있냐고 의구심을 가질 수도 있겠지만 저는 오히려 전반전과 후반전을 명확히 구분했기 때문에 가능했던 일이라고 생각합니다. 협업의 경험이 있는 분들은 아시겠지만 사실 다 같이 하는 일에 있어 좀처럼 시너지가 나지 않는 요인에는 생각의 방향이나 크기 차이보다 서로가 문제의 중심으로부터 얼마나 떨어져 있느냐가 큰 역할을 할 때가 많거든요. 때문에 자유롭게 탐험하며 돌아다닐 수 있는 시간과 본진으로 돌아와야 하는 시간에 대한 합의가 없으면 우리는 서로의 위치 파악을 하지 못한 채로 협업을 이어나갈 수밖에 없습니다. 그럼 누군가는 문제 해결에 집중하고 있을 때 누군가는 여전히 새로운 아이디어를 줍고 다니는 촌극이 펼쳐지는 거죠.

더불어 전반전과 후반전을 나누다 보니 각자의 에너지를 챙기는 데 있어서도 이로운 부분이 많았습니다. 사실 일에 있어서 전반전과 후반전은 꼭 운동 경기처럼 그 비율이 동일하지 않아도 되거든요. 사전 고민의 강도가 높은 프로젝트라면 전반전에 훨씬 큰 비중을 둘 수도 있는 거고, 속도감 있게 실행해가면서 완성도를 높여야 하는 업무라면 후반전을 더 길게 잡을 수도 있는 거죠. 그러니 프로젝트마다 전반전과 후반전의 시점을 대략적으로라도 공유하고 있으면 프로젝트에 참여하는 사람들 역시 각자 언제 어떻게 에너지를 배분해야 할지 현실적인 대안을 마련할 수 있습니다. 그리고 전반전에는 비교적 자유로운 분위기를 갖지만 후반전을 시작하는 시점에는 아무래도 일정 수준 이상의 집중력이 필요하다 보니 팀 전체가 하나의 업무 모드를 공유하는 데도 크게 이질감이 없죠. 협업의 효과를 극대화하는 데 있어 비슷한 결을 갖는 것만큼 큰 이점도 없을 텐데 이런 분위기가 자연스레 만들어지고 효과적으로 전환된다는 건 정말 중요한 포인트임이 분명합니다.

의미의 단위

사실 저는 개인적인 업무에서도 이 전반전, 후반전 모드를 자주 사용하고 있습니다. 그중 대표적인 것은 바로 1년을 전반전, 후반전으로 나눠서 사는 것인데요, 좀 의아하실 수 있겠지만 1년의 상반기를 전반전으로 하반기를 후반전으로 생각하면 의외로 더 생동감 있는 목표와 실행 방안들을 마련할 수 있더라고요.

예를 들면 이런 겁니다. 만약 올해 목표를 '생산적인 삶을 사는 것'이라고 정했다면 상반기 동안은 일에서든 삶에서든 생산성을 높일 수 있는 다양한 시도와 고민을 해보는 거죠. 비교적 여러 방면에 가능성을 열어두고 흔히 말해 찍먹(?)하듯 일단 체험만 해보면서 나와 가장 잘 맞는 방법들을 찾아볼 수도 있습니다. 그럼 굳이 새해부터 새사람이 되어야 한다는 부담감에서 벗어날 수 있고 무엇보다 '생산적인 삶이란 무엇일까'라는 올해의 주제를 내 나름대로 잘 가다듬어보는 시간도 가질 수 있죠.

그런 다음 하반기가 다가올 시점이 되면 이제 실제 결과물을 낼 수 있는 후반전 모드로 전환하기 시작하는 겁니다. 전반전에 경험한 것들 중 의미 있는 생산에 해당하는 것을 선택하고 연말까지 어느 정도 결과를 만들어볼지 스스로 목표를 정하는 거죠. 그럼 지난 상반기를 훑어봄과 동시에 이제 무엇을 챙겨 후반전에 돌입할지 결정할 수 있는 뚜렷한 현실감각이 생깁니다. 다른 사람들이 '큰일 났다. 벌써 7월이네. 상반기에 나는 뭘 했나. 하반기라도 정신 똑바로 차리고 살아야지'라며 부정확한 목표와 부족한 시간에 당황하고 있을 때 우리는 '이제 반환점을 돌아서 다시 신년에 이루려 했던 목표를 향해 가자. 어떤 결과물을 만들 수 있을지 냉정하게 고민하며 제대로 후반전에 집중해보자'라는 기분 좋은 텐션을 가질 수 있는 거죠. 그리고 저는 이게 한 해 한 해를 살아가는 가장 이상적인 방식에 해당한다고 생각합니다.

《죽음이란 무엇인가》란 책으로 잘 알려진 예일대학교 철학과의 셜리 케이건 교수는 현실을 잘 살아가기 위해서는 우선 수학적 시간 단위의 개념을 의미적 시간 단위로 바꿔야 한다고 조언합니다. 즉 '12시까지 이 업무를 반드시 끝내야지'라는 생각보다 '오늘은 컨디션이 좋은 오전에 일에 더 많이 집중하고, 오후에는 잠시라도 짬을 내 내가 좋아하는 카페에 가서 책 읽는 시간을 가져야지'라고 생각하는 게 그날 하루를 기분 좋게 보내는 방법이라는 거죠. 따라서 업무를 규정할 때도 단순히 물리적 시간과 업무량을 기준으로 삼지 말고 나의 생활 리듬, 가치관, 습관, 환경, 주변 사람들과의 관계를 고려해 구분하는 것이 좋다고 말합니다. 몇 시간 동안 얼마만큼의 일을 한다보다 언제 어떻게 일한다가 우리 삶에 더 구체적인 의미를 만들어주기 때문이죠.

그러니 아마도 제게 있어 전반전이란 나 스스로에게 더 큰 가능성과 자유도를 부여하는 확장의 시간일 테고, 후반전은 목표한 결과와 성과에 몰입해보는 집중의 시간일지도 모릅니다. 그리고 그렇게 구분한 전반전과 후반전은 내 삶의 의미를 보다 적극적으로 찾고 느낄 수 있게 해주는 좋은 단위가 되어준다고 보고요.

삶에 균형감을 부여할 때

일상을 잘 살아가기 위해서는 서로 대치되는 것처럼 보이는 것들 사이에 나만의 균형감을 부여하는 것이 무엇보다 중요합니다. 일과 휴식, 인풋과 아웃풋, 개인과 타인, 긴장과 여유, 발산과 수렴, 시작과 끝. 이처럼 상반된 개념을 가진 수많은 것들을 어떻게 받아들이고 어떻게 배분할지에 따라 내 인생의 밀도가 결정되는 것은 아닐까라는 생각이 들더라고요. 더불어 내 나름대로의 속도와 리듬감을 찾게 되는 것 같기도 하고요.

그중 제가 가장 좋아하는 타이밍은 두말 할 것 없이 반환점을 통과하는 시점입니다. 저 멀리 모험을 떠났다가도 다시 문제의 본질로 회귀해야 할 때, 확장의 전반전을 마치고 몰입의 후반전을 시작할 때 그 미묘한 온도차가 발생하는 지점이 한편으로는 나 자신에게 새로운 산소를 불어넣어주는 때이기도 했거든요. 자연의 변화와는 다르게 내 삶에 또 하나의 계절이 찾아오는 듯한 느낌도 받을 수 있었고요.

그러니 여러분도 아주 작은 의미의 단위를 구분하는 것부터 시작해보는 건 어떨까 싶어요. 모두를 향해서든 아니면 나 스스로를 향해서든 "자, 이제 곧 후반전이 시작됩니다!"라고 말할 수 있는 그 시점을 의식하고 산다는 건 우리에게 결코 작지 않은 의미를 가져다주는 일일 테니까요. 본진에서 훌쩍 떠나보는 여정과 내 가방 속에 소중한 것들을 챙겨 다시 회귀하는 여정을 여러분만의 방식으로 기획해보는 것도 무척 훌륭한 삶의 태도라는 말씀을 드리고 싶습니다.

+ 더하는 말

만화 《슬램덩크》는 웬만한 영화 못지않은 수많은 명장면들을
쏟아낸 작품이기도 합니다. 그중 제가 가장 좋아하는 장면은
시합 도중 부상으로 교체된 주인공 강백호가 다시 경기에
나서겠다며 감독님을 설득하는 부분이죠.

"영감님의 영광의 시대는 언제였죠? 국가대표였을
때였나요…? 난 지금입니다!"

대표팀은커녕 우승 경험 한 번 없는 농구 풋내기 강백호지만
농구의 진짜 묘미를 알기 시작한 바로 그때를 자신의
전성기로 규정하는 모습이 너무도 멋있었기 때문입니다.
이처럼 저는 자신의 의지로 특별한 시기를 사는 사람들이
더없이 반갑습니다. 시간의 흐름이 내 편이 되어주기를
기다리기보다는 시간이 있는 쪽으로 기꺼이 발걸음을 옮기는
사람들이 바로 그들이니까요. 우리 역시 때때로 나만의 시계를
설정한 다음 그 시간 속으로 풍덩 빠져보는 것은 어떨까도
싶네요.

디폴트값을 알아야
제대로 된
회고를 하지

SNS의 단점을 이야기하는 목소리가 여기저기서 들려오는 게 어제오늘의 일은 아니지만 그럼에도 불구하고 SNS가 주는 순기능 하나를 꼽으라고 하면 저는 늘 '기록'을 꼽습니다. 이미지든 영상이든 텍스트든 간에, 하물며 오랫동안 보관하든 잠깐 공유하고 날려버리든 간에 뭔가를 기록하기 위해 소비하는 시간이 결코 헛된 시간이라고 생각하지는 않거든요. 살아가는 동안 어느 찰나의 순간을 붙잡아 특정한 기억으로 저장해둔다는 것은 어쩌면 인생을 제법 로맨틱하게 바꿔놓는 작은 마법일지도 모르니까요.

그리고 이렇게 뭔가를 열심히 남기기 시작하면서부터 사람들이 중요하게 여기게 된 것이 하나 더 있습니다. 바로 '회고'입니다. 가끔 지인들의 SNS만 살펴봐도 주말의 기록은 물론이고 한 달 동안 있었던 소박한 일상의 장면들을 모아 각자의 회고를 하는 경우가 아주 흔하거든요. 그렇게 계절의 기억들을 거쳐 한 해를 마무리하는 시점이 되면 올해의 영화, 올해의 책, 올해의 음악, 올해의 장소 등등 스스로에게 부여하는 연말 시상식까지 펼쳐지곤 하니까요. (긍정적인 시각으로) 더 열심히 뒤를 돌아보고 내 나름의 분석과 평가를 곁들여 결실을 정리해보려는 의지가 한층 높아지는 셈이죠.

가늠할 수 있는 칭찬

당연히 업무에서도 회고의 중요성은 나날이 커지고 있습니다. 과거의 경험들로부터 무엇을 배우고 무엇을 고칠지를 빠르게 파악해서 눈앞의 과제들을 물리쳐나가야 하는 게 지상에 있는 모든 사람들에게 주어진 특명이니 말입니다.

하지만 회고라는 게 그리 만만한 과정이냐고 하면 또 마냥 동의하기는 어렵습니다. 서로가 해석하는 경험의 질이 모두 제각각이고 회고를 함에 있어 공통된 기준을 세운다는 것 역시 말처럼 간단한 문제는 아니거든요. 그래서 의외로 많은 조직에서 회고라는 시스템을 단순히 지난 일을 공유하는 차원이나 과제의 결괏값만을 확인하는 장치 정도로 활용하고 있는 게 사실입니다. 물론

안 하는 것보다야 낫겠지만 그저 뒤를 돌아보는 수준의 회고라면 앞으로 다가올 날들과의 연결점이 뚝 끊어져 있는 것과 다를 바 없는 거죠. 나아가기 위해 걸어온 길을 확인한다는 그 취지가 백번 무색해지는 순간이기도 하고요.

어떻게 하면 조금이나마 나은 회고를 할 수 있을까에 대한 고민이 점점 더 깊어질 무렵이었습니다. 저는 자녀가 없지만 혹시 조카와 대화하는 데라도 도움이 될까 싶어서 종종 육아 교육 프로그램을 챙겨보는 편인데요, 그날은 아동 교육 전문가인 분이 '어떤 칭찬이 아이에게 좋은 칭찬인가'를 주제로 이야기를 들려주시더라고요. 저도 조카에게 칭찬을 해줄 일이 많다 보니 다른 때보다 유독 더 귀를 쫑긋 세우고 듣게 되었죠. (혼내는 건 형과 형수님이 해주니까요…)

> 아이들에게 칭찬할 때는 무조건 '너무 잘했어', '어떻게 이런 생각을 다 했을까?', '우리 OO이는 천재인가 봐!'처럼 막무가내식 칭찬보다는 아이에게 안정감을 줄 수 있는 '선'을 설정해주는 게 중요해요. 예를 들어 그림을 잘 그린 아이를 보면 '이렇게 색깔을 다양하게 쓰는 게 정말 어려운 건데 진짜 예쁜 색깔들을 골랐네'와 같이 원래 그 일을 하는 게 꽤나 쉽지 않은 거란 사실부터 알려주는 거죠. 그

런 다음 본인이 이룬 성취를 정확하게 짚어서 칭찬해주는 거예요. 그렇지 않고 무작정 잘했다고만 하면 아이는 다음에 또 칭찬받고 싶어도 어떻게 해야 할지 몰라 막막한 상태가 되어버려요. 그럼 방법에 대한 고민보다는 내면의 욕심만 커지고 나중엔 그게 아이를 짓누르기도 하죠.

조카에게 써먹을 생각으로 듣고 있었는데 오히려 제 삶에 필요한 가르침 하나가 하늘에서 뚝 하고 떨어진 기분이었습니다. 이건 정말 그동안 가지고 있던 회고에 대한 본질적인 물음에 소화제 같은 접근법을 알려준 것이나 다름없었으니 말이죠.

생각해보면 당연한 일입니다. 뭔가를 평가해야 하는 순간과 마주하면 잘했다, 못했다를 판단하기 전에 원래 그 일이 어느 정도로 어려운 일인지를 파악하는 게 우선이어야 하고, 그 일에 뛰어든 사람들이 대다수 어떤 결과를 얻게 되는지쯤은 알고 있어야 평균을 설정할 수 있거든요. 쉽게 말해 내가 하고자 하는 일의 디폴트값이 무엇인지를 알아야 제대로 된 회고가 가능한 것이라고도 할 수 있을 겁니다. 그게 아니라면 칭찬도 비판도 마치 줄 끊어진 연처럼 어느 나뭇가지에 걸려버릴지 모를 노릇이니까요.

그게 얼마나 힘든 일인지 아세요?

그 후로 저는 어떤 상황에서든 눈앞에 해결해야 할 과제가 있을 때마다 '요놈의 디폴트값은 뭘까?'를 고민하는 버릇이 생겼습니다. 그리고 이를 기준으로 우리가 세워야 할 목표가 디폴트값을 얼마나 벗어나는 일인지 가늠해보기 시작했죠. 그럼 우리가 투입해야 하는 리소스도, 들여야 하는 노력도, 실천해야 하는 방법도 모든 것이 비교적 구체화되었기 때문입니다. 누군가에게 피드백을 해줘야 할 때에도 좀 더 명확한 말들을 사용할 수 있었고요.

회고 역시 마찬가지였습니다. 사실 제가 하고 있는 브랜딩 일을 포함해 기획이라고 불리는 일들 중 의외로 많은 부분이 수치나 지표로 딱 떨어지지 않습니다. 특히 사람의 반응을 정성적으로 확인해야 하거나 장기간에 걸쳐 직간접적으로 영향을 주는 분야까지 포함하다 보면 평가의 기준을 잡기란 결코 쉽지 않죠. 때문에 업무 하나를 해결해놓고서도 함께한 동료들간의 의견이 엇갈리는 경우도 허다합니다. '이 정도면 그래도 잘한 거 아닌가요?'부터 '제 생각엔 좀 더 좋은 결과를 낼 수 있었는데 아쉬움이 큰 거 같아요'처럼 주관적인 반응들이 저마다 방향을 잃은 채 맴돌 때가 많으니 말이죠.

그럴 때 작게나마 한 줄기 빛이 되어주는 요소가 바로 이 디폴트값입니다. 결과를 객관화할 수 있는 일이든 아니든 이 과제를 수행하는 게 얼마나 어려운 일인지부터 공유하기 시작하면 서로 어디에 초점을 맞춰야 하는지 분명해지니까요. 일을 끝낸 후 이어지는 평가에서도 생각의 싱크를 맞추기가 훨씬 쉬워지는 거죠.

브랜드 하나를 만들어서 소비자나 사용자들에게 각인시키는 데 보통 어느 정도 시간이 걸리는지, 우리가 던지는 메시지에 반응하기 시작한다는 건 정확히 어떤 상황을 일컫는 것인지, '먹혀 들었다'는 게 얼마나 달성하기 어려운 목표고 '성공했다'는 건 어떤 기적을 의미하는 것인지에 대한 인식을 공유하고 나면 일을 대하는 태도 자체가 완전히 달라진다는 걸 깨달을 수 있습니다. 그러니 디폴트값을 인지한다는 건 문제의 부피와 질량을 예상하는 일임과 동시에 문제의 가장 근본적인 부분을 건드리는 작업인 셈인 거죠.

다만 이렇게 반론하는 사람도 있을 수 있습니다. '디폴트값에 집중하다 보면 결과적으로 자꾸 목표를 낮추게 되는 거 아니냐'고 말이죠. 하지만 저는 오히려 그 반대라고 생각합니다. 디폴트값을 안다는 건 '원래 이 정도로 힘든 일이니 이만한 것도 잘한 거야'라는 변명을 마련해두기 위함은 아니거든요. 대신 '디폴트값에서 벗어나는 게 어느 정도로 힘든 일인지를 파악하고 더 제대로, 단단히 대비하자'는 각오에 가깝다고 할 수 있습니다. 막무가내로 파이팅만 외치며 으쌰으쌰 한다고 해결되는 일이 아니라는 것을, 피나는 노력이나 불굴의 의지 같은 용어들만 들이민다고 성공에 가까워지지 않는다는 사실을 냉정하게 받아들이자는 얘기죠. 그래야 말 그대로 준비다운 준비를 할 수 있는 거니까요.

타격왕의 선구안

조선의 4번 타자란 별명으로 한국 야구 역사에 수많은 기록을 남긴 이대호 선수가 이런 말을 한 적이 있습니다.

> 타자는 열 번 중 세 번만 쳐도 3할 타자야. 그럼 팀의 중심 타자가 되지. 근데 3할 타자가 되기 위한 방법은 남은 일곱 번을 어떻게 못 치느냐에 달려 있어. 내가 노리는 공이 아니다 싶으면 과감하게 포기해야 해. 거기에 미련을 두면 안 돼. 그러니까 죽기 살기로 세 번만 치자는 생각으로 덤빌 게 아니라 똑똑하게 일곱 번을 못 치는 게 중요한 거야. 나는 잘 쳐서 타격왕을 한 게 아니라 똑똑하게 쳐서 타격왕을 한 거라니까.

수많은 실패에도 절대 굴하지 말라는 말은 종종 우리의 어깨를 짓누를 때가 있지만 헛스윙이 디폴트라는 말은 새삼 다르게 들리기도 하죠. 열 번 중 세 번만 잘 맞혀도 괜찮다면 우리는 우리 각자가 노리는 그 공들에 좀 더 집중할 수 있을 테니 말입니다. 그리고 그런 타석이 쌓여 더 좋은 공들을 골라낼 수 있는 선구안이 되는 것은 아닐까도 싶고요.

조금만 눈을 돌려도 모든 사람들이 매일 특별한 일상을 사는 것처럼 보이고 남들이 만들어내는 건 매번 성공의 연속처럼 보이지만 이건 엄연히 본인들이 짜깁기한 일종의 하이라이트라고 생각하면 어느 정도 마음이 편해집니다. 어차피 우리의 삶은 평범함이 디폴트이고 그 와중에 특별한 일이 생긴다는 건 일종의 특이점이 찾아온 것이기도 하니까요. 내 인생은 뭐 하나 대단한 것이 없다고 생각하기 이전에 그 보통의 상태를 벗어나는 게 결코 만만치 않은 것임을 받아들이는 것부터 시작해보면 어떨까 싶어요. 그래야 뒤를 돌아보면서도 앞을 향해 걸어갈 수 있는 것일 테니 말이죠.

──────────────────────────────── + 더하는 말

훨훨 날아다니던 실력자라고 해도 인생에 한 번쯤은 슬럼프를 만나게 됩니다. 별로 예상하고 싶지 않은 시나리오지만 슬럼프에 빠지는 순간 본인에게 익숙하던

감각들 중 많은 것을 잃어버리게 된다고 하죠. 때문에 평소라면 아무렇지 않게 했을 법한 일들도 갑자기 어렵게 느껴지고 당연히 자신감도 바닥을 칠 수밖에 없습니다.

그런데 분야를 초월해 이 슬럼프에서 벗어나는 대표적인 방법 중 하나는 바로 처음으로 돌아가 기본기부터 익히는 거라고 해요. 피아니스트라면 초급에 해당하는 아주 쉬운 곡들로 다시 연습을 시작하고, 배우라면 기초적인 발성과 호흡부터 가다듬고 짧은 대사 위주의 연기를 반복한다고 하거든요. 그렇게 본다면 이 슬럼프라는 것도 우리의 기량이 와르르 무너져내리는 상황이 아니라 까맣게 잊고 있었던 디폴트값에 대한 경각심을 갖게 되는 순간은 아닌가도 싶어요. 그동안 내가 이룬 것들이 얼마나 쉽지 않은 것들이었는지, 숨 쉬듯 당연하다고 여긴 것들이 실제로는 얼마나 중요한 것들이었는지를 다시 한번 떠올리게 되는 기회이기도 하니까요.

잘하는 사람들 사이에서
좋은 사람들로부터
배운다

한 예능 유튜브에 출연한 차승원 배우님이 이런 말씀을 하신 적이 있습니다.

과거에는 잘하는 사람들이 어려운 일을 들고 와서 같이하자고 제안하면 많이 망설였어요. 잘하는 사람들 사이에서는 내 발언권이 줄어들 수도 있고 자존심 상하는 일이 생길 수도 있으니까요. 하지만 지금은 되도록 같이하려고 노력합니다. 실패할 확률이 확실히 적어지거든요. 반대로 편하고 만만한 사람들과 함께하면 부담도 적고 내가 돋보일 가능성도 크죠. 그러나 그건 결코 잘하는 거라고 할 수 없어요. 쉽게 하려는 것일 뿐이거든요.

저도 크게 공감하는 부분입니다. 개인적으로 좀 의아하다고 생각하는 표현이 하나 있는데 그건 바로 '마음 맞는 사람들과 일을 한다'는 말이거든요. 일을 한다는 건 어찌되었건 과제를 수행하고 목적을 달성한다는 의미일 텐데 그 과정에서 마음이 맞는다는 문장을 어떻게 정의할 수 있을까 늘 궁금했으니까요. 백번 양보해서 '뜻이 맞는 사람들'이라면 공동의 목표에 공감하는 사람들이라고 할 수 있겠지만 마음이 맞는 사람들이라는 건 어쩌면 친한 사람들, 편한 사람들, 비교적 서로를 잘 아는 사람들을 에둘러 칭하는 것은 아닐까 싶은 거죠.

그러니 차승원 배우님의 말처럼 어떤 일을 시작함에 있어서는 적어도 내가 누구와 어떻게 일하고자 하는가에 대한 구분 정도는 할 수 있어야 합니다. 불편함을 감수하고서라도 잘하는 집단에 들어가고 싶은지 혹은 결과를 떠나서 일단 이 사람들과 함께하는 것에 의미를 둘지 명확히 판단하는 게 중요한 거죠.

베스트 팀은 없다

이왕이면 역량도 뛰어나고 인성도 좋은 사람들만 쏙쏙 뽑아서 일할 수 있으면 좋으련만 그건 억만장자가 세계 곳곳을 돌아다니며 자기 맘대로 스카우팅을 한다 해도 쉽지 않은 일일 겁니다. 만에 하나 그런 사람들만 골라서 모아놨다고 해도 그들 사이에서 제대로 된 케미가 발생할 수 있을지는 여전히 물음표죠. 스포츠 분야만 보더라도 '아니, 어떻게 저렇게 화려한 멤버들을 가지고도 저 성적밖에 못 내는 거지?'라는 거대한 미스터리를 자아내는 팀들이 정말 많으니까요.

여러분도 그렇지 않나요? 만약 능력도 출중하고 인품도 훌륭한 사람들만으로 구성된 팀에 속해 있다면 되도록 그 조직에 오랫동안 머물고 싶은 생각이 들 겁니다. 하지만 많은 경우 이 조합은 여러 갈래로 쪼개지기 마련이죠. 분명 업무적으로는 배울 점이 많은 사람이지만 태도 측면에서는 결코 합격점을 줄 수 없는 사람도 있고, 일로 엮이지만 않으면 세상 좋은 형, 누나인 사람들인데 함께 업무를 하기에는 너무도 힘든 유형들이 존재하는 법이니 말입니다. 그렇다고 콕 찝어서 어느 한쪽을 택한 다음 참고 견디라고 말할 수도 없습니다. '어차피 회사는 일하는 곳이니 사람 좋은 거 하등 의미 없다'고 조언한다면 우리의 매일매일이 너무 고통스러울 테고, 반대로 '사람 스트레스 없는 게 제일이다, 성취는 온전히 개인의 몫이니 어떻게든 스스로 일어서라'라고 말한다면 이 역시 답답하기는 매한가지일 겁니다.

그럼 대체 우리는 어떤 선택을 해야 할까요? 아니 적어도 어떤 관점을 가지고 조직이라는 대상을 바라봐야 하는 걸까요?

어떤 순서로 누구를 만날 것인가

여기에 대한 답을 하기 전에 제 개인적인 이야기를 하나 들려드릴까 합니다. 저는 비록 신입사원으로 입사해 오랫동안 한 회사에 머물고 있지만 그 안에서 여러 번의 조직 이동이 있었습니다. 심지어 저희 회사의 경우 조직마다 다루는 산업이나 기술이 상이하기 때문에 팀 하나를 옮기는 것이 이직을 하는 것만큼이나 크게 다가오는 때도 적지 않죠. 그래서 한 분야를 깊이 파며 전문성을 높여가는 사람들이 있나 하면 저처럼 다양한 필드를 경험하며 포트폴리오를 확대해가는 것에 더 흥미를 느끼는 사람도 많습니다.

하지만 제가 조직을 옮긴다고 할 때마다 모든 사람들이 적극적으로 지지해준 것은 아닙니다. 아무래도 같은 회사 안에서 이동하는 것이다 보니 누군가는 제가 합류하게 될 조직의 사람들을 이미 알고 있는 경우가 있거든요. 그럼 대부분 저를 걱정하며 진심 어린 귀띔을 해주기 시작하죠. "거기 근무하는 A 님을 조심해야 해. 정말 쉽지 않은 사람이거든", "그 팀 사람들이 다 B 님 얘기를 하더라. 그분만 없으면 완벽한 팀이라고…", "근데 왜 하필 그 조직으로 가세요? 거기 만만치 않은 건 도영 님이 더 잘 알지 않으세요?"라며 마치 전장에 나가는 군인을 배웅하듯 살아서 돌아오라는 멘트를 건네는 사람들이 속출하거든요.

하지만 제겐 나름의 원칙 하나가 있었습니다. 이미 제목에서도 눈치채셨겠지만 <u>저는 일단 잘하는 사람들 사이로 파고드는 게 중요하고, 그 안에서 좋은 사람들을 찾아내 그들로부터 배우는 것이 가장 이상적이라고 생각하거든요.</u> 즉 아까 언급한 그 갖가지 조합 중에 잘하는 사람, 좋은 사람을 한 번에 바구니에 담으려는 게 아니라 순서에 맞게 접근하는 방식을 택한 겁니다.

조금 더 구체적으로 설명해보면 이렇습니다. 사실 잘하는 사람들을 알아본다는 건 그리 어려운 일이 아닙니다. 흙 파내는 일을 시켜도 금 파내는 사람이 있다는 말처럼 역량이 출중한 사람은 어디서든 결과로 증명되는 법이니 말이죠. 그리고 그런 사람들이 여러 명 모이면 그땐 조직 자체가 성과를 내기 시작합니다. 그 조직의 단위란 팀, 센터 혹은 더 큰 레벨이거나 하나의 회사가 될 수도 있죠. 만약 그들이 내보이는 성과가 무척 매력적이라고 판단되거나 그 여정에 동참하고 싶다는 생각이 든다면 일단 합류해볼 가치가 있습니다. 적어도 외형적으로만 본다면 내가 그 안에 들어가서 퇴보할 가능성은 현저히 줄어드니 말이죠.

대신 여기서부터 인간적인 고민이 시작됩니다. 대부분 비슷한 경험이 있으시겠지만 어떤 조직이든 겉으로 보여지는 모습과 그 안에서 함께 일할 때 드러나는 모습은 반드시 차이를 보이기 마련이거든요. 그리고 이때 눈에 들어오는 것은 아무래도 사람과 관련된 요소들이 많습니다. 좋은 성과는 물론 내 성장까지 보장해 줄 수 있는 곳이라며 이해하려 해도 일반적인 상식선에서 쉽게 용납되지 않는 사람들이 발견되는 거죠. 심지어 그런 사람들이 아주 중요한 위치를 차지하고 있거나 내 업무와 밀접하게 연관되어 있을 때는 고민의 강도가 훨씬 높아지게 되고요.

그런데 저는 이때가 아주 중요한 타이밍이라고 생각합니다. '내가 조직을 잘못 선택했구나' 하는 후회의 감정에 빠져 있기보다 더 적극적으로 좋은 사람들을 찾아 나서야 할 순간이라고 생각하거든요. 여기서 말하는 좋은 사람들이란 인격적으로도 훌륭하고, 타인에 대한 배려심도 깊으며, 모두의 상식에 반하지 않는 말과 행동을 하는 사람들이라고 할 수 있습니다. 이런 사람들과 더 많이 교류하고 이들로부터 작은 것이라도 배워나가기 시작하면 사실 우리란 존재는 정체될 일도 후퇴할 일도 없거든요. 역량과 태도라는 두 가지 면에서 모두 좋은 자극을 받는 것이니까요.

그러나 만약 일은 기가 막히게 잘하는데 결코 좋은 사람이라고 인정할 수 없는 누군가와 가까워진다고 가정해보죠. 뭐 솔직히 얘기해서 좋은 사람으로부터 배우는 것보다 더 빨리, 더 많은 것을, 더 효율적으로 습득할 수 있을지도 모릅니다. 하지만 분명 내 에너지는 곱절로 소비될 테고 그로부터 배우는 것 사이에는 좋지 않은 불순물들이 섞여 들어올 위험이 큽니다. '그럼에도 불구하고 나는 빠른 성장, 눈에 보이는 성과를 택하겠다'고 하는 사람을 말릴 수는 없는 노릇이지만 그 길을 따르지 않아도 건강하게, 훌륭하게 성장할 수 있는 방법은 차고 넘친다는 말을 꼭 드리고 싶어요. 더불어 오직 능력만을 좇는 사람들에게서는 일종의 후회나 후유증 같은 것들이 자주 발견되었다는 점도 알려드리고 싶고요.

좋은 먹과 나쁜 먹

지금 저와 10여 년 넘게 좋은 인연을 이어오고 있는 분들 중 대다수는 일정 기간 함께 일을 해봤던 분들입니다. 그 시간이 길었던 사이도 있지만 몇 개월 남짓으로 짧았던 분들도 있죠. 하지만 여전히 이들과 열심히 소통하며 서로 많은 것을 배워나갈 수 있는 건 그들이 잘하는 사람들 중에서도 좋은 사람들이었다는 데 있습니다. 그러니 제가 여러 번 조직을 옮기며 새로운 환경에 놓이더라도 그전에 함께했던 좋은 분들과는 계속 좋은 관계를 유지할 수 있었죠. 그리고 내 주위에 이런 사람들이 많아지면 내가 언제 어느 곳에 속하든 간에 든든한 지원군이 항상 내 곁을 지켜주고 있단 느낌이 듭니다. 설사 인격적으로 부족한 사람, 상식에 위배되는 사람과 부딪힐지언정 조언을 구하고 해답을 얻을 수 있는 사람들이 존재한다는 건 말로 표현할 수 없는 엄청난 축복이기 때문이죠.

알음알음 대외적인 활동을 시작하면서부터는 저 역시 예전보다 많은 사람을 만나고 교류할 일이 늘어났습니다. 그중에는 정말 존경스러울 만큼 멋지고 대단한 분들도 있지만 불과 몇 번의 협업만으로도 본인이 가진 인성의 밑천을 고스란히 드러내는 사람도 있죠. 당연히 전자의 분들과는 더 끈끈한 관계가 되었고 후자의 사람들과는 더 이상 연락을 주고받지 않게 되었습니다. 그들의 역량이 부족해서였나 생각하면 그건 결코 아니었지만 역량만을 보고 계속 관계를 이어가기엔 제 자존감이 허락하지 않는 지점이 엄연히 존재했기 때문입니다.

하지만 여전히 제 생각은 유효합니다. 나와 맞지 않는 사람인 것 같다고 해서 지레 겁먹고 피할 필요도 없고, 내 원칙까지 무너뜨려가며 더 뛰어난 사람들과 함께하려고 발버둥 칠 필요도 없다는 거죠. 어차피 그 조직의 일원이 되어 함께 일해보기 전까지는 누구도 속속들이 사정을 파악할 수 없는 만큼 시작하는 단계에서는 조직이 내는 성과만 보고 판단해도 뭐라 할 사람이 없습니다. 대신 그렇게 들어간 조직 안에서는 좋은 사람들을 찾아 그들에게서부터 작은 것 하나라도 더 배우고 어떻게든 좋은 영향을 나누려고 노력해야 한다는 사실이죠. 그래야 나라는 사람을 더 건강한 존재로 키워나갈 수 있을 테니 말입니다.

'근묵자흑'이라는 고사성어를 아실 겁니다. 먹을 가까이하다 보면 자신도 모르게 검어진다는 뜻으로 비슷한 무리에 가면 어쩔 수 없이 그 무리의 속성을 익힐 수밖에 없다는 말이죠.

하지만 먹이 가진 색이 멋져 보여서 그 무리 속으로 뛰어들었더라도 앞으로 어떤 먹이 될 것인지는 우리 스스로 결정할 수 있습니다. 그리고 이때 좋은 먹과 나쁜 먹에 대한 나만의 소신과 가치를 만들며 일하는 것이 좋은 조직 안에서 좋은 사람으로 커나갈 수 있는 방법이라고 생각하고요.

때문에 어딘가 새로운 곳에서 새 출발을 해야 하는 시점이 오면 저는 늘 이 관점을 유지해봅니다.

> 저기가 잘하는 사람들이 모인 곳인가? 그럼 저 안에 들어가서 좋은 사람들을 찾아봐야겠다.

+ 더하는 말

사회생활을 하다 보면 돈 주고도 살 수 없을 만큼 참 의미 있는 순간이라고 생각되는 때가 종종 있는데요, 그중 회사를 떠나기로 결심한 한 동료로부터 이런 메시지를 받았던 장면을 쉽게 잊을 수 없습니다.

"회사 생활을 하면서 힘든 일, 어려운 일도 많았지만 그래도 도영 님과 함께 일해볼 수 있어서 너무 좋았습니다. 우리 이제 더 자주, 더 편하게 연락하며 지내요!"

이런 말을 들을 때면 그래도 내가 조금이나마 잘하는 사람, 작게나마 좋은 사람으로서 누군가에게 영향을 끼쳤다는 생각에 마냥 헛살지는 않았구나 싶은 생각이 듭니다. 덕분에 그들과는 실제로 더 가까워졌고 앞으로도 든든한 관계를 이어갈 게 분명해 보이고요.

그런 측면에서 가끔은 나 자신에게 물어볼 필요가 있는 것도 같습니다. 나는 잘하는 사람들 사이에서 잘하는 사람으로 속해 있는 걸까 그리고 나는 누군가에게 좋은 사람으로서 좋은 영향을 주고 있는 걸까라고 말이죠.

사라지지 않을
단어들로
나를 표현한다면

정확히 세어보지는 않았지만 아마도 제 인생에서 가장 많이 본 영화를 꼽으라면 〈트루먼 쇼〉가 세 손가락 안에는 들지 않을까 싶습니다. 맘잡고 정주행한 횟수만 해도 10번 남짓 되는 것 같고 가끔 TV 채널을 돌리다 만나게 되어도 그 지점부터 영화가 끝날 때까지 계속 틀어놓는 경우가 많기 때문이죠.

〈트루먼 쇼〉를 애정하는 이유는 아주 다양하지만 그중에서도 저는 이 영화의 엔딩 장면을 너무도 좋아합니다. (과장을 조금만 보태자면) 마지막 장면을 보기 위해 분위기를 한껏 고조시킬 목적으로 앞선 이야기들에 몰입하고 있다는 느낌마저 들거든요. 하지만 이 엔딩 장면은 영화 팬들이나 평론가들 사이에서도 해석이 엇갈리는 것으로 유명합니다. 잘 아시다시피 영화는 자신이 사는 세상의 모든 비밀을 알게 된 트루먼이 세트장이었던 바다를 떠나 새로운 문을 열고 나가는 장면으로 끝을 맺는데요, 이를 두고 한편에서는 '기존의 세상이 거짓인 걸 알았으니 새로운 세상에 나선 트루먼은 완전히 다른 삶을 살기 시작할 거다'라는 의견이 있고, '아니다. 진짜 세상에 나가서도 트루먼은 세트장 안에서 살았던 것처럼 트루먼다운 인생을 살아갈 거다'라는 또 다른 시각이 존재하는 것이죠.

영화를 만든 감독 역시 결말에 대한 여러 해석을 열어놓은 덕분에 그 뒷이야기는 영원히 알 수 없겠지만 저 개인적으로는 후자의 해석을 훨씬 좋아하는 편입니다. 새로운 세상으로의 문을 나서기 전 트루먼은 그가 아침마다 이웃 주민들을 향해 외쳤던 "여러분, 굿모닝! 아, 그리고 혹시 오늘 못 볼지도 모르니 미리 인사해둘게요. 굿 애프터눈, 굿 이브닝, 굿 나잇!"이라는 대사를 한 번 더 반복하는데, 이때 낯선 세상에 발을 딛게 되더라도 여전히 나다운 모습을 잃지 않고 살고자 하는 작은 다짐 같은 게 엿보이거든요. 가짜 세상 속에서 살았더라도 오직 트루먼 자신만은 진짜였음이 분명하니, 어쩌면 엔딩 장면을 그토록 고대하는 이유 역시 그가 그 모습 그대로 진정한 세상을 살아가길 바라는 마음에서 비롯된 저만의 배웅이자 작별 인사인지도 모릅니다.

나를 둘러싼 세상이 바뀌더라도

이전 글을 통해 좋은 상황, 좋은 사람들 사이에 본인을 둔다는 게 얼마나 중요한지에 대해 나름의 생각을 전달해보았는데요, 그렇다면 이번에는 시선을 또 조금 다른 방향으로 옮겨 '새로운 상황 속에 놓일 때의 나'에 대한 이야기를 나눠보려 합니다.

십수 년 전 제가 처음 사회에 발을 내디딜 즈음에는 인재상이라는 단어가 흔히 사용되었습니다. 어떤 회사든 자신들이 원하는 인재의 모습을 규정하고 있었고 취업을 준비하는 입장에서는 나 자신이 그 인재상에 부합하는 사람이라는 걸 조금이라도 더 호소하는 것이 참 중요했죠. 하지만 지금은 이런 문화가 정말 많이 달라졌다는 것을 몸소 체감합니다. 저도 가끔 회사에서 새로운 사람을 채용하기 위해 면접관으로 참여할 기회가 있는데요. 이때 가장 중요하게 생각하는 것이 우리가 풀고자 하는 문제들을 다루는 데 있어 충분한 역량을 갖춘 분인지, 기존 사람들은 보지 못한 새로운 가능성과 기회를 발견하고 이끌 수 있는 분인지에 초점을 두기 때문이죠. 우리에게 꼭 맞는 사람, 꼭 필요한 사람을 뽑는다는 측면보다 우리와 함께했을 때 기대할 수 있는 부분이 많은 사람을 모셔온다는 측면이 훨씬 큰 겁니다.

그러니 회사 역시도 새로운 사람이 합류할 때마다 우리는 또 어떻게 변화하고 진화해야 하는지를 고민하게 되죠. 과거의 채용

문화가 필요한 자리에 딱 맞는 퍼즐 조각을 찾아 끼우는 모습이었다면 지금은 새로운 블록이 하나 추가됨으로써 기존 사람들 또한 위치와 모습을 바꿔가며 공통의 미션을 해결해야 하는 일종의 테트리스 게임과 유사해진 셈입니다.

거긴 어때요?

직장을 다니는 분들이라면 이 한 줄 문장에 여러 의미가 담겨 있다는 사실을 눈치챌 수 있을 겁니다. 그 회사는 일하기 좋은 환경인가요? 당신이 속한 팀의 구성원들은 다들 원만한 편인가요? 지금 하고 있는 일은 이전과 비교해 더 나은가요? 만약 내가 당신이 있는 조직으로 옮겨 간다면 나에게도 적합한 곳이 될 수 있을까요? 이런 다양하고도 깊은 뜻을 함축하고 또 함축해 던지는 한 문장이 바로 이 질문일 테니 말입니다.

그런데 딱 한 층만 더 파고 내려가보면 묘하게 신기한 지점도 발견됩니다. 이 물음에는 오직 상황적인 질문만이 담겨 있거든요. 다시 말해 나라는 사람은 어떤 사람이고, 어떤 고민을 가지고 있고, 어떻게 커나가고 싶다는 것에 대한 정보는 생략한 채 그저 새로운 환경이 나와 잘 맞을 수 있는지만을 판단하려 하고 있기 때문입니다. 그러니 이런 질문을 들을 때마다 이 사람이 저 환경에 놓인다면 과연 어떤 그림이 펼쳐질지 쉽게 예상되지가 않습니다.

당연히 제 의견을 말하기도 매우 조심스러워질 수밖에 없죠. 우리가 새로운 세상에 진입한 트루먼의 인생을 이리저리 상상해볼 수 있는 것도 트루먼이라는 사람이 가진 아이덴티티를 비교적 잘 이해하고 있기 때문에 가능한 것이니까요. 나라는 사람은 어떻게 일을 다루는 사람인지에 대한 무게중심 없이 계속 환경만 바꿔보려고 하는 것은 어쩌면 바뀐 세상 속에서 똑같은 고민과 고통을 반복하며 사는 것과 다르지 않을지도 모릅니다.

현실은 세트장이 아니니까

혁신적인 조직문화 사례로 꼽히는 기업들을 나열하자면 끝도 없겠지만 저에게 가장 깊은 인상을 남긴 곳은 세계적인 음악 스트리밍 그룹인 '스포티파이'였습니다. 스포티파이는 회사 내부에 작지만 역동적인 조직을 다양하게 파생시키는 것으로 유명한데요, 기능과 역량을 중심으로 수평적인 조직을 구성하는 애자일agile 문화를 자신들만의 방식으로 재해석했다고도 할 수 있죠. 그중에서도 '좋은 조직이란 모든 사람에게 꼭 맞는 자리를 찾아주려 욕심부리기보다 서로가 언제든 교류할 수 있도록 수많은 교차로를 만들어주는 조직이다'는 지론을 가진 창업자 대니얼 에크의 사상이 지배적이었다고 볼 수 있습니다.

스포티파이가 조직을 구성하는 방법은 마치 플레이리스트를 만드는 것과 같습니다. 다양한 조합을 기반으로 한 무한한 가능성. 오직 이 개념에만 몰두했으니까요.
물론 이 방법이 최선인지는 모르겠습니다. 하지만 우리에게 꼭 필요한 방법이었음은 분명합니다. 모든 것을 완벽하게 통제할 수 없다면 모든 것을 온전하게 열어두는 게 맞습니다.

〈트루먼 쇼〉의 결말만큼이나 대니얼 에크의 이 말 역시 조직문화 전문가들 사이에서 엇갈린 평을 자아내고 있습니다. 하지만 저는 어떤 부분에서는 매우 가치 있는 통찰력을 던져주고 있다고 생각해요. 개인적인 판단일지는 모르지만 저는 인간의 힘으로 완벽한 환경을 만드는 것도, 온전하게 상황을 통제하는 것도 불가능에 가깝다고 여기는 편입니다. 특히 그게 여러 사람이 모인 조직 안에서라면 더더욱 그렇죠. 인간이란 끊임없이 변화하고 진화하는 존재인 만큼 이상적으로 세팅되어 있다고 생각한 상황들마저도 때로는 개인과 조직의 성장을 모두 가로막는 벽이 될 수 있거든요.

때문에 사람도 환경도 서로가 서로에게 좋은 자극을 주며 발전하기 위해서는 언제든 그 모습을 바꿀 수 있도록 유연해야 함은 물론이고 다양한 가능성이 만날 수 있도록 많은 교차점을 확보해두는 게 보다 현실적이기도 한 거죠. 그런 의미에서 일단 환경을 바꾸면 나도 덩달아 바뀔 거라는 기대는 우리를 잘못된 환상으로 안내할 수 있습니다. 가장 중요한 건 어떤 환경에 놓이더라도 '나다움'이란 가치를 끊임없이 갈고닦아나갈 수 있느냐는 거니까요.

온전한 나의 말들

긴 세월 동안 제가 맡은 직무의 이름도 일곱 번이나 변했습니다. 그중엔 꽤 오랫동안 제 역할을 탄탄하게 받쳐준 이름이 있는 반면 짧은 기간 스치듯 안녕을 외친 이름도 있죠. 그렇다고 제가 하는 일들이 극적으로 달라졌냐고 하면 꼭 그런 것도 아닙니다. 시대와 상황에 맞게 새로운 역할이 부여되고 그에 따라 벗어내야 할 역할이 구분되었을 뿐 일에 대한 가장 본질적인 정체성은 오히려 더 단단해졌다고 생각하거든요. 직무 이름이 바뀐 것 역시 이런 과정에 조금 더 집중할 수 있는 환경을 만드는 노력의 일환이었다고 보는 게 정확할 테고요.

아마도 10년도 더 지난 것 같은데요, 과거 〈배철수의 음악캠프〉를 듣던 중 DJ 배철수 님께서 한 후배에게 들려주신 자신의 직업관에 대한 내용이 기억납니다.

직업과 직업 사이에 얼마나 큰 간극이 있는 줄 아니? 그러니까 꿈을 직업으로 먼저 떠올리지 마. 세상에 모든 직업이 다 사라졌다고 생각하고 네가 하고 싶은 걸 설명해봐. 그럼 그게 네가 평생 할 수 있는 일이 될 거야.

이 말을 듣는 순간 망설일 틈도 없이 바로 제 상황에 대입해보게 되더라고요. 비록 회사에서 나에게 쥐여준 직무 이름은 내 마음대로 바꿀 수 없더라도 내가 하고 있는 일을 나의 의지대로 설명할 수 있다면, 그리고 그걸 꾸준히 계속 업데이트해 나갈 수 있다면 나는 나다움을 잃지 않고도 동시에 도태되지 않는 사람이 될 수 있지 않을까 싶었던 거죠. 설혹 그 일을 평생 하며 살 수 없을지는 몰라도 적어도 내가 걸어온 길을, 앞으로 내가 걸어갈 길을 올곧게 만들어주는 효과 정도는 낼 수 있겠단 확신이 들었습니다.

공개하기 조금 부끄럽지만 저 역시 재작년에 한 차례 더 업데이트한 뒤로 지금까지 꾸준하게 사용하고 있는 제 일에 대한 정의가 있습니다.

특정한 대상이 가진 고유한 아이덴티티를 좋은 경험과 이야기로 바꾸어 사람들의 기억 속에 남기는 일.

보시다시피 이 안에는 브랜딩이란 말도 기획이란 말도 존재하지 않습니다. 대신 그 자리엔 시간이 지나도 가치나 의미가 퇴색되지 않을 중요한 속성들이 놓여 있죠. 저는 이게 우리로 하여금 특정한 환경에 휘둘리지 않고 나의 중심을 잡으며 일할 수 있게 해주는 꽤 괜찮은 잣대가 된다고 생각합니다. 훗날 제가 하는 일이 어떤 형태를 띨지는 몰라도, 더불어 제가 만들어내는 결과물이 어떻게 소비될지는 몰라도 이 가치들이 힘을 잃지 않는 그 순간까지는 일에 더 욕심을 내볼 수 있기 때문이죠.

그러니 앞으로도 쉽게 사라지지 않을 단어들로 나를 표현한다면 나는 어떤 내가 될 수 있는가를 생각해보는 게 우리의 일을 한 뼘이라도 더 진화시키는 것은 아닐까도 싶습니다. 그리고 그 언어를 들고서 새로운 세상의 문을 연다면 세상도 나도 서로를 더 반갑게 환영할 수 있을 거란 기대도 해보고요.

+ 더하는 말

글을 끝내기 전에 제가 〈트루먼 쇼〉에서 아주 좋아하는 또 다른 대사를 하나 소개해볼까 합니다. 바로 트루먼이 그 거대한 쇼를 만든 프로듀서를 향해 일침을 날리는 장면에서 등장하는 말이죠.

"아무리 그래도 결코 내 머릿속에까지 카메라를 설치할 수는 없을 거예요."

맞습니다. 세상이 우리를 여러 가지 표현으로 규정하거나 묶어두려고 해도 그 표현이 우리 각자의 언어 세계를 완벽히 통제할 수는 없습니다. 그러니 지금 이 순간만큼은
이 책의 제목에 담긴 '기획'이란 말도 여러분만의 단어로 한번 바꿔보는 것은 어떨까도 싶네요.
디자인의 말들, 영업의 말들, 개발의 말들, 편집의 말들이 될 수도 있고 나아가 이끄는 말들, 가르침의 말들, 도전의 말들, 성장의 말들이 될 수도 있는 거죠. 무엇이 되었건 간에 그게 여러분의 일과 삶에 좋은 바람을 불러오는 언어들이기를 바라며 모쪼록 여러분이라는 사람을 더 명확하게 표현할 수 있는 말들이길 바라봅니다.

나도 내 직업 세계에
작은 선 하나쯤은
그을 수 있는 거지

어느 날 친구 녀석에게로부터 문자 한 통이 날아들었습니다. 다짜고짜 "나는 진짜 바보 멍청이인가 봐"로 시작하는 메시지를 보며 '그걸 이제 알았냐'고 놀려주고 싶은 마음이 모락모락 피어올랐지만 왠지 몰라도 평소와는 분위기가 조금 달랐기에 저도 자세를 고쳐 잡고 진지하게 물어보기 시작했죠. 그랬더니 친구 역시 웃음기를 빼고 천천히 자기 이야기를 풀어놓기 시작했습니다.

사연은 회사에서 연말 송년회 겸 워크숍을 하던 도중 벌어졌다고 했습니다. 동료들끼리 서로에게 궁금한 점을 질문하는 코너가 있었는데 본인이 받은 질문에 대해 아무 대답도 못 하고 우물쭈물 대다 자기 순서가 끝나버렸다는 하소연이었죠. 허무하기 짝이 없어 그게 그렇게 자책할 일이냐며 핀잔을 주자 수십 명 되는 직원

중에 답을 못 한 건 자기가 유일하다면서 오히려 눈물 쏟는 이모티콘으로 채팅창을 도배하더군요. 대체 뭐 얼마나 어렵고 난처한 질문을 받았길래 그랬냐고 묻자 돌아오는 답장은 생각보다도 더 싱거웠습니다.

> 과장님은 이 일을 안 하셨으면 어떤 일을 하셨을 것 같아요?

세상에 이 물음에 답을 못 했다니 제가 다 속이 상하더라고요. 새해 목표나 앞으로의 꿈을 묻는 것도 아니고 본인만 알고 있는 프라이버시를 캐내려는 것도 아닌데 이 쉬운 질문에 아무 대답도 못했다니 말이죠. 그래서 그냥 어렸을 적 장래희망이나 지금이라도 도전해보고 싶은 거 중 하나 골라 대충 말하면 되는 것 아니냐며 열심히 놀려주던 참이었는데 어느덧 새로운 질문 하나가 제 발밑에 놓였습니다.

> 사실 그 말을 듣자마자 '나는 무슨 일을 선택했을까'가 궁금했다기보다는 '이 일이 아닌 다른 직업을 골랐어도 나는 여전히 비슷한 삶을 살고 있을까' 하는 생각이 들더라고. 그러니 또 마음이 복잡해지더라. 다른 일을 했어도 지금과 비슷한 삶을 사는 게 다행인 건지 아니면 전혀 다른

인생이 펼쳐져야 다행인 건지 말이야. 그래서 답답하고 부끄러운 마음에 그냥 너한테라도 한번 물어보고 싶었어.

질문한 분 민망하게 왜 그런 고민까지 하냐는 말로 얼렁뚱땅 넘어가긴 했지만 제게도 이 질문은 생각할 거리를 남겨주었습니다. 며칠 동안은 사람을 만날 때마다 저 사람은 저 일을 안 했으면 무슨 일을 했을까라는 호기심과 함께 만약 그랬다면 저 사람의 인생은 몰라보게 달라졌을까 아니면 비슷한 삶이 이어졌을까 하는 상상을 하게 되었으니 말이죠.

타인의 일

86페이지부터 176페이지까지 먼저 읽어봐.

그 일이 있은 후 몇 주 뒤, 친구 녀석을 만난 자리에서 제가 내민 책은 번역가 황석희 님이 쓰신 에세이 《번역 : 황석희》였습니다. 갑자기 웬 책이냐며 뜬금없는 표정을 짓는 친구에게 저는 이런 말로 부연 설명을 시작했죠. (평소에 책을 잘 안 읽는 친구라 나름의 설득이 필요했거든요.)

이거 읽고 나서 너도 한번 생각해보라고. 네 직업 얘기로 에세이를 한 권 쓴다 치면 너는 무슨 얘기를 할 수 있을까 하고 말이야. 일단 우리가 지금 어떤 삶을 살고 있는지 나름 중간 정리를 할 수 있어야 현재와 비슷한 삶은 뭐고 전혀 다른 삶은 뭔지 알 거 아냐.

그래도 번역가는 너무 생뚱맞다며 끝없이 구시렁대는 친구에게 얇고 가벼운 책인 데다 어려운 내용이란 눈 씻고 찾아도 발견할 수 없으니 인생 독서 목록에 한 줄 더 추가한다는 생각으로 펼쳐보라며 잔뜩 달래놓고 돌아선 기억이 납니다.

《번역 : 황석희》는 〈데드풀〉, 〈아바타〉 등 블록버스터 영화들을 번역하며 역대급 호평을 자아낸 황석희 번역가님의 직업 이야기이자 일상 속 생각들이 담긴 글입니다. 기획 일을 하는 저로서는 늘 타인의 요구를 받아들여 또 다른 타인에게 결과물을 전달하는 중간자의 입장에 서는 경우가 많은데요, 그 속에서 수많은 것들을 만들고, 고치고, 개선하는 일을 반복하는 터라 제 직업과 본질적으로 비슷한 직업을 고르라고 하면 어김없이 '번역가'라고 대답하곤 합니다. 때문에 황석희 님의 책이 나온다는 소문을 들었을 때부터 너무도 큰 설렘을 안고 기다렸고 마침내 표지에 얹힌 제목을 보자마자 이내 "와" 하고 짧지만 깊은 탄성을 내뱉을 수밖에 없었죠. 거기엔 마치 영화가 모두 끝난 다음 올라가는 엔딩 크레디트의 한 줄 문구처럼 자신의 일과 자신의 이름으로만 구성된 담백한 제목이 자리하고 있었으니까요.

저 역시 책 한 권에 걸쳐 기획하는 사람에 대한 이야기를 늘어놓았지만 누군가는 제 말들에 공감하고 또 누군가는 고개를 갸웃거릴 수도 있다는 각오쯤은 충분히 하고 있습니다. '나도 기획자로 일하고 있지만 당신이 하는 얘기에는 크게 공감할 수 없는걸?'이란 생각을 할 수도 있고, '자기 적성에 잘 맞는 일을 하고 있으니 이런 얘기도 할 수 있는 거지. 먹고사는 문제가 앞설 때도 그런 말 할 수 있나 보자'라는 마음이 드실 수도 있겠죠. 이런 의견까지 모두 달게 받아들이는 위인은 못 되더라도 그게 어떤 부분에서 기인한 감정인지 정도는 저도 충분히 이해할 수 있습니다. 저 역시 누군가의 직업 세계를 그런 시각으로 바라볼 때가 있을지 모르니까요.

그래서인지 저는 유독 다른 사람의 직업을 다룬 콘텐츠들을 정말 열심히 찾아보는 편입니다. 제가 하는 일과 크게 관련성 없는 일일지라도, 그게 특정한 국가, 특정한 지역에서만 존재한 일일지라도 다른 사람이 하는 일들을 조금이나마 이해할 수 있어야 내 직업의 의미도 그만큼 잘 전달할 수 있을 거란 생각을 하거든요. '나는 기획이 좋으니까 내 멋대로, 내 방식대로 기획 얘기를 하며 살고 싶어'라고 해도 딱히 누가 대놓고 뭐라고 하진 않겠지만 이왕이면 기획의 의미를 폭넓게, 기획의 가치를 더 멀리 소개할 수 있는 역할을 하는 것이 내 직업을 부끄럽지 않게 하는 행동이 아닐까 싶었던 겁니다.

그리고 이런 생각은 시간이 갈수록 조금씩 확신으로 바뀌어가기도 합니다.《번역 : 황석희》를 읽으며 들었던 생각 역시도 크게 다르지 않았거든요. '생각하면 할수록 내가 하고 있는 일이 번역가의 그것과 많이 닮아 있구나' 하는 반가움도 있었지만 '나는 진짜 번역가의 세계를 조금도 이해하지 못한 채 장님 코끼리 만지듯 번역을 입에 올리고 있었구나' 하는 마음도 들었기 때문이죠. 번역가가 말해주는 번역의 세계란 복잡한 비즈니스로 얽혀 있는 세상이기도 했고 한편으론 영화에 대한 이해보다 세상과 사람에 대한 이해가 먼저 수반되어야 하는 세계이기도 했거든요. 그러니 누군가 외국어 하나에 능통한 친구를 향해 "너도 번역가 한번 해봐. 영어도 잘하고 영화도 좋아하잖아"라고 말하면 황석희 님과 같은 번역가들이 스크린을 찢고 나와 성을 낼지도 모를 일입니다. 타인이 보는 나와 내가 아는 내가 다르듯 타인이 규정하는 직업과 그 일을 밥벌이로, 꽤 오래, 나름 잘해내야 하는 입장에 선 사람이 이야기하는 직업은 큰 차이를 보일 테니 말이죠. 누군가가 나의 직업 세계를 가벼이 여기면 서운해지는 것처럼 나 역시 다른 사람의 직업 세계를 무한 존중해야 한다고 느낄 때가 바로 이때입니다.

교차편집의 순간

책에는 이런 문장도 등장합니다.

> 어쩌면 영화 번역가는 대사의 전달자가 아니라 대사에서 풍기는 뉘앙스의 냄새를 판별해서 전달하는 사람인지도 모르겠다.

그러게요. 영화 번역가라는 일은 인공지능의 발달로 20년 안에 사라질 대표적인 직업으로 분류되지만 (황석희 번역가님… 죄송합니다….) 한편으론 그리 쉽게 사라질 수 있을까라는 생각이 드는 이유 역시 그 일을 해본 사람만이 이해하는 업의 본질, 관계적 특성, 경험의 맛이 있기 때문일 겁니다. 모든 사람이 번역가라는 직업을 대사의 전달자로 받아들이고 있을 때 실제 그 일을 하는 누군가는 뉘앙스의 냄새를 판별하고, 이를 효과적으로 전달하는 것을 자신의 소명으로 삼고 있으니 말이죠.

저는 이렇게 자신이 하고 있는 일의 디테일한 부분까지 오직 자신만의 표현으로 한 번 더 번역해낼 수 있는 사람들이야말로 그 일을 잘 해내고 있는 존재들이 아닐까 싶습니다. 더불어 이 번역이 탄탄할수록 누군가를 나의 직업 세계로 초대했을 때 더욱 매력적인 이야기를 들려줄 수 있는 거라고도 보고요.

열흘 남짓한 시간이 흐르고 친구로부터 다시 연락이 왔습니다. 다행히 취향에 잘 맞는 책이었는지 오히려 페이지가 줄어드는 것이 아까워 조금씩 집중해서 읽었다며 소감을 밝혔고, 책 속에 등장하는 영화도 몇 편 찾아봤다고 덧붙였죠. 여전히 동료의 질문에는 명확한 답변이 떠오르지 않지만 지금은 딱히 그 질문에 신경을 쏟지 않게 되었다는 말도 전했습니다. 하지만 친구의 설명을 듣다 보니 그건 질문을 부정하는 것이라기보다는 새로운 고민으로의 접근에 더 가까웠고, 한편으로는 그 물음에 더 적절한 대답을 찾아가는 과정과도 같다는 생각이 들었습니다. 친구의 목소리엔 기분 좋은 확신과 어린아이 같은 기대가 함께 녹아 있었으니 말이죠.

> 번역가로 활동하는 얘기만 있을 줄 알았는데 딸아이 얘기, 주변 사람들에 대한 얘기, 작은 직업병에 얽힌 얘기, 어린 시절을 회상하는 얘기들이 함께 담겨 있어서 훨씬 좋더라. 내가 다른 직업을 가진다고 상상했을 땐 그냥 나라는 사람에만 집중해서 고민했는데 이 책에 나오는 에피소드들을 따라가다 보니 오히려 나와 엮여 있는 사람들, 사건들이 훨씬 많이 떠올랐어. 지금 내가 하고 있는 일이 무엇으로부터 힘을 받고 있고 또 어디까지 뻗칠 수 있는지를 상상해보게 됐달까?

딱히 감성적인 녀석도 아닌데 이런 생각에까지 이르렀다는 게 놀랍기도 하고 대견하기도 하더라고요. 더불어 저 역시도 책을 읽을 때는 발견하지 못한 또 하나의 조각을 얻게 되었죠. 지금까지는 매일 업무적으로 연결되어 있는 사람들과의 관계 혹은 영향만을 생각하고 살았다면 가끔은 이 일을 하고 있기 때문에 내 주위 사람들에게 내가 주게 되는 영향력을 다시금 살펴볼 필요도 있겠다 싶었거든요.

만약 내가 소설가라면, 여행 가이드라면, 가구 디자이너라면, 음악감독이라면… 그럼 아마도 제가 친한 사람들에게 장난처럼 건네는 말들의 뉘앙스나 화법마저도 눈에 띄게 달라졌을지 모를 일이죠. '다른 직업을 선택했다면 다른 삶을 살았을까'라는 질문은 돈을 얼마나 더 벌고, 어떤 경험들을 하고, 무슨 평판을 가지게 되었을까라는 것 못지않게 내 삶의 아주 작은 부분들이 또 어떻게 달라졌을까를 고민하게 만드는 질문이기도 하니까요.

이런 생각에 다다르니 제가 왜 유독 다른 사람의 직업 세계를 들여다보는 걸 좋아하는지 그 이유를 더 정확히 알 수 있었습니다. 단순하게 보자면 그 직업을 잠시나마 입체적으로 경험할 수 있는 기회를 얻게 되기 때문이겠지만, 조금 심오하게 표현하자면 그 직업이 그 사람에게 준 영향과 그 사람이 그 직업에 끼친 영향을 교차해서 살펴보는 게 흥미로워서인 것도 같거든요.

호떡을 구우시는 할머니께서 "내가 여태 몇십만 장은 족히 구 웠을 텐데도 여전히 호떡 하나가 예쁘게 완성되면 그렇게 기분이 좋아"라는 말을 하실 때면 할머니에게는 호떡이 자식 같은 존재일 수 있겠다 싶고, 동물사육사로 일한 경험이 있다는 후배가 "지금 도 그 동물들이 어딘가에서 잘 먹고 씩씩하게 자라고 있기를 간절 히 바란다"고 안부를 전할 때면 저 친구가 사육사로 일해서 동물 들은 참 행복했겠다라는 생각이 들거든요. 직업의 세계관이 나의 세계관을 만들듯이 나의 세계관도 그 직업 세계에 작은 선 하나쯤 은 그을 수 있다는 걸 알게 되는 순간이면 일과 사람의 관계가 새 삼 다르게 보이기도 합니다.

우리들의 엔딩 크레디트

가끔 영화를 보러 가면 엔딩 크레디트가 모두 올라갈 때까지 자 리를 뜨지 않고 계시는 분들이 있습니다. 예전에는 영화의 감흥을 마지막까지 즐기려는 찐 영화팬인가 보다라는 생각을 했는데 요 즘엔 저 크레디트 속에 담겨 있는 사람들 중 한 명이 아닐까라는 멋대로의 상상도 해봅니다. 순식간에 등장하고 사라지는 보조출 연자일지도 모르고 해당 영화에 큰돈을 투자한 투자자일 수도 있 겠지만 분야와 역할을 떠나서 왠지 그분이 스크린을 바라보고 있는 모습을 다시 한번 살펴보게 되더라고요. 영화 한 편을 마무리하는 저만의 재미 요소가 하나 더 생긴 셈이죠.

그러고는 상상의 나래를 펼쳐 이런 생각에까지 도달해보기도 하죠. 마치 《번역 : 황석희》처럼 《기획 : 김도영》 같은 크레디트가 붙는다면, 내가 하는 일과 내 이름이 나란한 비율로 놓여 있는 순간과 만난다면 그 사이에 존재하는 세계는 어떤 세계고 또 어떤 모습일까 하고 말입니다. 어쩌면 두 단어 사이를 자기 나름의 번역으로 메꾸어가고 있는 삶이야말로 자신의 일과 자신의 존재를 잘 가꾸고 있는 삶일지 모른단 결론에 이를 때면 그 둘의 합이 적당히 잘 맞았으면 하는 작은 바람을 가져보게도 되거든요. 어느 한쪽이 다른 한쪽을 짓누르지 않는, 서로가 서로에게 긍정적인 영향을 줄 수 있는, 한참 시간이 흐른 뒤에도 상대를 떠올리면 기분 좋은 기억이 가득할 수 있는 상태로 말이죠.

그러니 그때까지는 제가 하고 있는 이 일을, 제 이름 옆에 붙어 있는 기획자라는 직업을 최대한 열심히 사랑해보려고요. 그럼 그와 나 사이에도 작은 선 하나 정도의 인연은 이어갈 수 있지 않을까요?

+ 더하는 말

예전에 살던 동네 근처에는 하나의 점포 안에 구둣방과
도장집이 나란히 들어 있는 가게가 있었습니다. 지하철을
타러 가다 보면 자주 마주치게 되는 곳이었는데 번듯한 간판
하나 걸지 않고 영업을 하는 아주 작은 공간이었죠. 하지만
그럼에도 저에게 또렷이 기억되는 한 가지가 있었으니 바로
출입문 유리에 사장님이 직접 페인트로 쓴 듯한 단 두 줄의
문장이었습니다.

오늘 하루도 기분 좋게 걸으십시오.
좋은 순간에 좋은 이름을 남겨보세요.

세상 어느 구둣방을 가도, 어떤 이름난 장인이 운영하는
도장집을 방문하더라도 이보다 더 멋진 표현을 만날
수 있을까 하는 생각이 들었습니다. 구두라고 생각하면
물건이지만 걸음이라고 생각하면 생활이 되고, 도장 찍는
행위라면 다소 형식적으로 느껴지지만 좋은 이름을 남기는
일이라면 그만큼 영광스러운 순간도 없을 테니까요.
사장님이야말로 자신의 직업 세계에 자기 나름의 선 하나를
추가하고 계시다는 걸 확신할 수 있었죠. 구두도 도장도

본인들에게 그런 멋진 타이틀이 주어질 거라곤 미처 생각지 못했을 테니 말입니다.

에필로그

다시, 시작되는 말

 감사하게도《기획의 말들》은 어느덧 제 이름으로 선보이는 세 번째 책이 되었습니다.
 첫 작품을 통해서는 제가 늘 곁에 품고 사는 '책'에 관한 이야기를 할 수 있었고, 두 번째 작품에선 저의 업業이면서 영원한 관심 대상이자 한편으로는 나름의 놀잇감이기까지 한 '브랜드'에 관한 생각을 펼쳐놓았었죠.
 그때까지만 해도 잘 몰랐지만 이번 책을 마무리하면서는 슴슴하게나마 감지한 한 가지 사실이 있습니다. 대단한 것은 아닐지언정 그래도 이렇게 글을 통해 조금씩 제 이야기를 내어 보일 수 있었던 건 제가 남들이 갖지 못한 뛰어난 재주를 가지고 있어서가 아니라 그 대상을 온전하게 사랑해본 사람의 시선에서 해줄 수 있는 이야기가 있었기 때문이란 것을요. (아이러니하게도) 아무런 기획도, 일정한 계획도 없이 그저 열심히 애정하기만 했을 뿐인데 그 대상을 함께 애정하는 많은 사람들에게 제가 가진 마음을 표현할 수 있다는 것은 개인적으로도 무척 영광스러운 일이었습니다.

이처럼 좋아하는 것을 향해 자꾸 말을 걸다 보면 때로는 좋아하는 것이 나를 향해 말을 걸어오기도 하나 봅니다.

856개.

제가 이 책을 쓰고자 마음먹고 그동안 모아둔 나름의 문장들을 모두 꺼내보자 저만큼의 말들이 제 앞에 펼쳐졌습니다. 양이 곧 질이라 할 수 없는 것처럼 저 문장들이 한 톨도 빠짐없이 제 인생에 영향을 미쳤냐고 하면 저 역시도 고개가 가로저어지는 게 당연합니다. 심지어 체에 거르기를 여러 번 반복해 남겨둔 문장들이 저만큼이니 긴 세월 동안 만나고 헤어지는 그 자연스러운 과정을 함께한 문장들까지 합해본다면 엄청난 분량의 말들이 제 곁을 맴돌다 사라졌을 테죠.

그러니 이렇게 책에 남길 정도로 편애하는 말들이 있나 하면 조금은 이기적이지만 내 인생에 시절 인연처럼 필요했던 말들도 있었단 사실을 마냥 부정할 수는 없습니다.

다만 그 말이 어디서부터, 누구로부터 출발한 것이냐를 따져본 다면 그건 정말 저를 둘러싼 세상 전부라고 이야기할 수 있을 것 같아요. 죽기 전에 꼭 읽어야 하는 필독서로 꼽히는 책에서 길러 낸 문장보다 친구와 농담 따먹듯 얘기하다 터져 나온 말들이 더 오래 제 곁을 지켜주고 있는 것만 보더라도, 누군가로부터 빌려 쓴 문장에 내 경험과 생각이라는 이자를 보태어 되갚아줄 수 있는 것만 하더라도 적어도 저에게 있어 말만큼 평등하고 격의 없는 대 상도 드물다는 생각을 하게 되니까요.

내가 좋아하는 대상이 언제 어디에나 존재하는 것이면서도 앞 으로 꾸준히 또 무한히 생성될 수 있는 것임에 진심 어린 감사를 표하게 됩니다.

지난해 연말, 한 해의 마지막을 기념하는 의미로 주변의 소중 한 사람들과 함께 조금은 특별한 엽서를 만들어보았습니다. 그동 안 서로가 서로에게 해주었던 말들 중에서 인상 깊었던 문장들을 모아 스무 장 남짓한 카드로 제작한 것이었는데, 요즘 제게는 그 엽서들이 삶의 쏠쏠한 재미이자 지친 마음을 달래는 작은 비타민 이 되어주고 있죠. 회사에 출근해서는 그날의 기분이나 마음가짐 에 따라 '오늘은 이분의 말로 한번 살아봐야겠다'라는 생각을 하 며 책상 앞에 엽서 한 장을 붙여놓고 하루를 시작하기도 하고, 누 군가가 개인적으로 작은 고민을 내비칠 때면 입에 발린 위로를 전하는 대신 엽서에 담긴 말을 찍어서 조용히 전송해주기도 하거든요. 그때마다 느끼는 건 누구나 떠올릴 수 있는 생각이고, 누구나 할 수 있는 말임에도 불구하고 그 순간 우리를 잠시 다른 세상 속에 머물도록 해주는 신비로운 타이밍이 존재한다는 사실입니다. 그럼 우리는 그 문장을 통해 눈앞의 세상을 새롭게 바라보기 시작하죠.

말이란 것이 그저 말에만 머무르지 않는 순간은 그렇게 우리를 찾아오는 것인지도 모릅니다.

저는 이 책 또한 여러분들께 그런 쓰임을 가질 수 있길 바라봅니다. 단순히 기획자라는 타이틀을 가진 한 사람이 알량한 업무 얘기를 풀어놓는 책으로 간주되기보다는 그래도 여러분이 각자의 일과 자신의 삶에 문득 물음표를 던지게 되는 순간이 올 때 이 책에 담긴 이야기들이 나름의 역할을 할 수 있으면 좋겠거든요. 설령 그게 눈앞의 문제를 당장 해결해주지는 못할지라도 때로는 새로운 시선을 열어주기도 하고, 더 나은 방향으로 이끌기도 하며, 나를 나답게 해줌과 동시에 작은 기준을 세울 수 있게 도와, 우리의 내일을 조금이라도 더 두근거리는 기대감으로 채워줄 수 있다면 그래도 이 책에 담긴 글들이 나름의 소명을 다했다는 생각을 하게 될 것 같거든요.

저 역시 그 말들로부터 다시금 큰 힘을 얻게 될 것이 분명하고요.

그런 의미에서 소소한 결심을 한 가지 해보았습니다.

이미 스물다섯 개의 글을 묶어 한 권의 책으로 완성해보았지만 개인적으로는 이 '기획의 말들'이란 프로젝트를 계속 이어가보려고 하거든요. 여느 때와 다르지 않게 저의 생각과 마음을 움직인 말들을 열심히 주워 담은 다음 그 감흥이 증발하기 전에 저만의 이야기로 녹여내 하나의 글로 남겨두는 일을 멈추지 않고 계속해보려는 겁니다. 어떤 내용들이 새로 추가될지, 언제까지 이어갈 수 있을지, 어떤 방법으로 소개하고 공유하게 될런지 아직은 쉽게 단정할 수 없지만 한 가지 확실한 건 그게 무엇이 되었든 저의 일과 삶에 기분 좋은 전류들을 흘려줄 거라는 사실이죠.

그렇게 스스로에게 건네는 말들이 늘어나다 보면 제가 좋아하는 것들을 더 오래 붙들고 있을 수 있는 애착의 악력이 늘어날 수도 있을 거고요.

때문에 이른바 '마치는 글'에 해당하는 이 에필로그 역시 또 다른 이야기로 넘어가는 새로운 프롤로그가 될지도 모르겠단 생각을 해봅니다. 스물여섯 번째, 스물일곱 번째로 이어질 기획의 말들을 소개하는 글이 될 수도 있고 아예 기획의 말들을 또 한 번 새로 규정해보는 출사표가 될 수도 있으니까요. 닫는다는 의미보다는 오히려 본격적으로 펼치기 시작했다는 의미 한 줄을 추가해보고 싶습니다.

그리고 혹시나 이 책이 여러분의 마음을 조금이라도 움직였다면 여러분 또한 각자의 말들을 한번 기록해 나가보면 어떨까도 싶어요. 거창하지 않아도 좋고 매끄럽지 않아도 괜찮으니 여러분을 둘러싼 세상 속에 존재하는 말들 중 하나를 골라 가벼운 대화를 시작해보는 겁니다. 더불어 그 이야기를 많은 사람이 들을 수 있도록 해준다면 아마도 여러분의 말은 전에 없던 힘을 가질 것이 분명합니다. 오직 나만이 할 수 있는 것은 아닐지라도 나라는 사람을 진하고 또렷하게 보여줄 수 있는 말. 비록 내가 가장 먼저 하지 않았을지언정 내게 머물며 더 큰 가치를 갖게 된 말. 나를 한 뼘 정도 더 자라나게 해주었지만 동시에 다른 누군가도 충분히 성장시킬 수 있는 말.

지금 누군가는 여러분의 그 말을 간절히 기다리고 있을지도 모르니 말이죠.

이 책을 처음 기획하던 날,
저 스스로에게 남겨놓았던 작은 메모입니다.

> 모든 문장에 흠뻑 젖어 공감할 수는 없더라도
> 언젠가 '맞아. 그때 그런 맘이 있었지' 라는
> 생각으로 몇 번이고 찾아보게 되는 작품이 될 수 있다면.

마지막 페이지까지 도착한 여러분께도
부디 그런 책이었기를 바라봅니다.

본문 인용 도서

116쪽 이연실 저, 《에세이 만드는 법》(유유, 2021), 13쪽
337쪽 황석희 저, 《번역 : 황석희》(달, 2023), 176쪽

기획의 말들

초판 1쇄 인쇄 2025년 4월 14일
초판 1쇄 발행 2025년 5월 8일

지은이 김도영
펴낸이 최순영

출판1 본부장 한수미
와이즈 팀장 장보라
편집 선세영
디자인 김준영

펴낸곳 ㈜위즈덤하우스　**출판등록** 2000년 5월 23일 제13-1071호
주소 서울특별시 마포구 양화로 19 합정오피스빌딩 17층
전화 02) 2179-5600　**홈페이지** www.wisdomhouse.co.kr

ⓒ 김도영, 2025

ISBN 979-11-7171-397-4　03320

- 이 책의 전부 또는 일부 내용을 재사용하려면 반드시 사전에 저작권자와 ㈜위즈덤하우스의 동의를 받아야 합니다.
- 인쇄·제작 및 유통상의 파본 도서는 구입하신 서점에서 바꿔드립니다.
- 책값은 뒤표지에 있습니다.